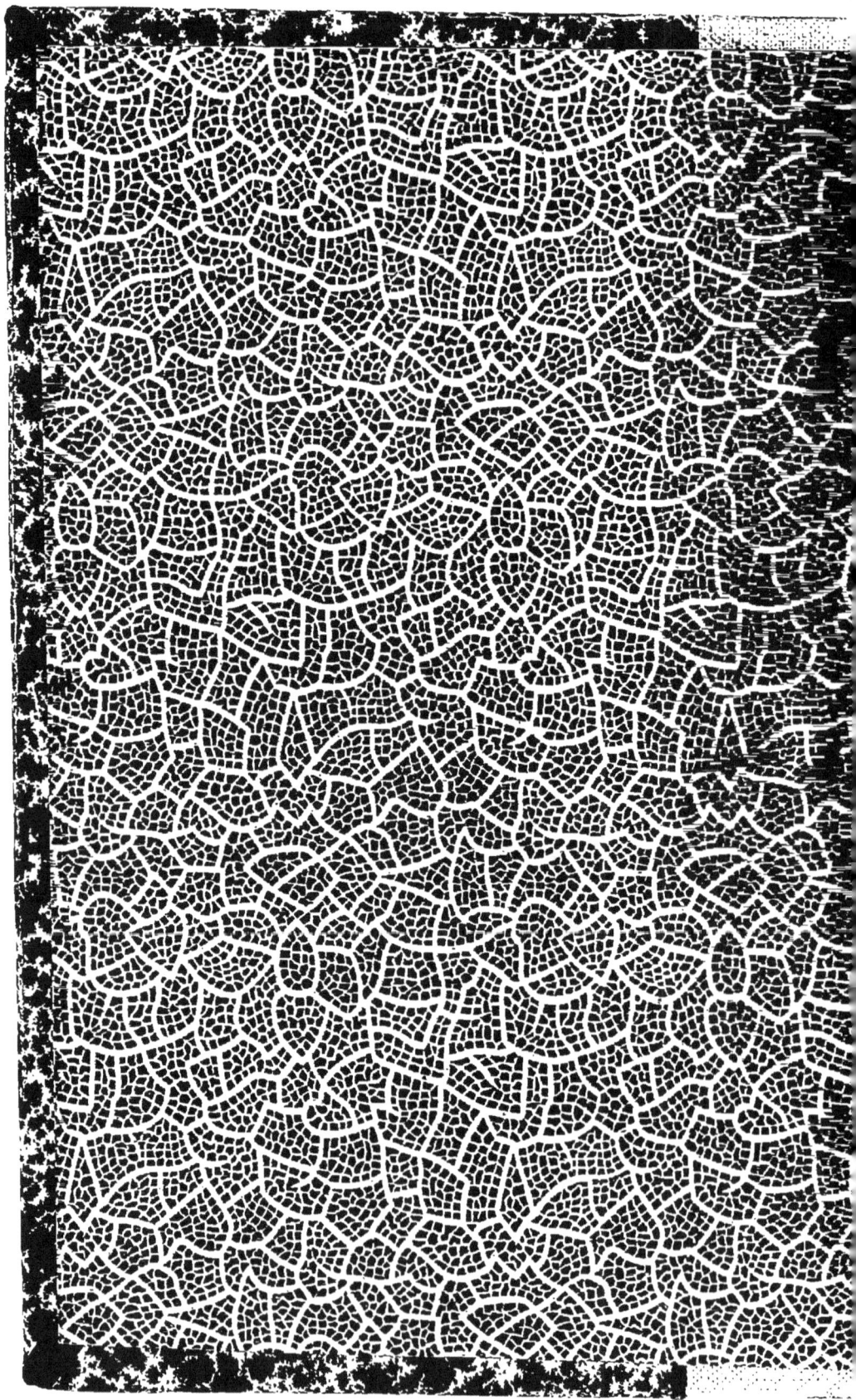

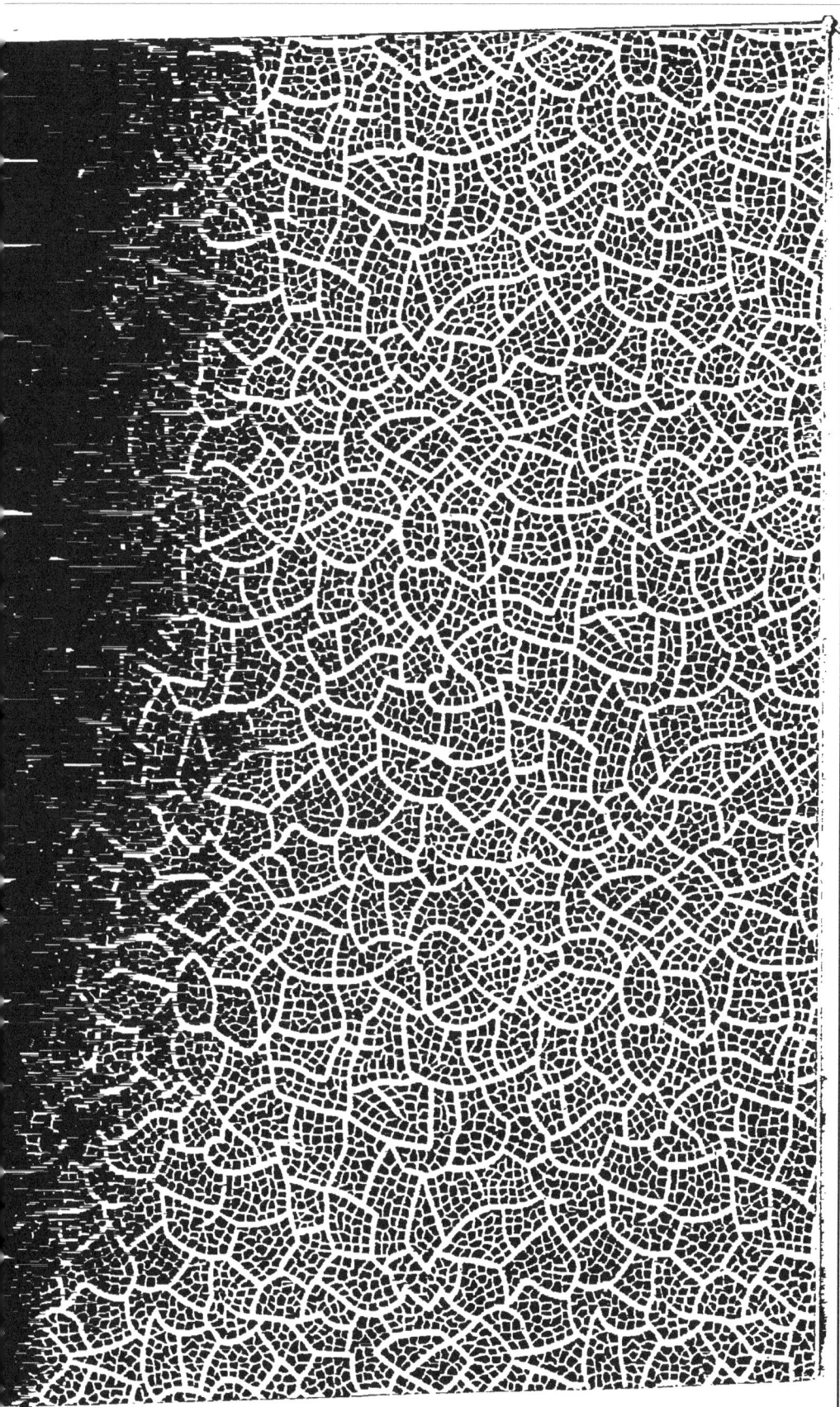

# UN SAINT

## au Dix-Neuvième Siècle

### ou

# LE CURÉ D'ARS

## SA VIE ET SES VERTUS

### Par JOSEPH ODRU

LICENCIÉ ÈS-LETTRES, PROFESSEUR DE L'UNIVERSITÉ.

*Verba movent, exempla trahunt.*
**La parole émeut, l'exemple entraîne.**

———— ❧❀❧ ————

## SE TROUVE :

**A VALENCE**

Chez M. Monclergeon, librre.
M. Roux, libraire.

**A DOMÈNE (Isère)**
Chez l'Auteur.

**A GRENOBLE**

Chez M. Ferary, libraire.

**A BOURGOIN**

Chez M. Rabilloud, libraire.

Et chez tous les principaux libraires.

1859.

# UN SAINT AU XIXᵉ SIÈCLE

OU

# LE CURÉ D'ARS

## SA VIE ET SES VERTUS.

J. M. B. VIANEY,

Curé d'Ars.

# UN SAINT

## AU XIXᵉ SIÈCLE

ou

# LE CURÉ D'ARS

## SA VIE ET SES VERTUS

### Par JOSEPH ODRU

LICENCIÉ ÈS-LETTRES, PROFESSEUR DE L'UNIVERSITÉ.

*Verba movent, exempla trahunt.*
La parole émeut, l'exemple entraîne.

## VALENCE

IMPRIMERIE ET LITHOGRAPHIE DE CH. CHALÉAT
ÉDITEUR.

—

1859.

# PRÉFACE.

———◇———

*Verba movent, exempla trahunt.*

Un homme fameux dans l'antiquité se voyant trahi par la fortune, après une vie qu'il croyait sans reproche, s'écria dans un moment de désespoir : *O vertu, tu n'es qu'un mot.* — Il se trompait ; car ses vertus , quoique païennes , sont restées dans la mémoire des âges comme la condamnation de son siècle dépravé , et , malgré ses faiblesses , on l'a surnommé le dernier des Romains.

D'où vient que des vertus même si imparfaites n'ont pu tomber dans l'oubli ?

C'est que rien ne frappe, rien n'est irrésistible comme l'exemple. *La parole émeut, l'exemple entraîne;* et dans les temps de décadence morale il n'est pas contre le mal de remède plus efficace que la vie d'un homme vertueux.

Quand un peuple marche à sa ruine, quand tous les hommes *ont corrompu leur voie*, alors Dieu, semblant se recueillir en lui-même, jette les yeux sur un de ces esprits qu'il s'est réservés pour dernière ressource dans cette extrémité ; il l'appelle, et, comme jadis au prophète, il lui dit : « Va! ceux que j'ai instruits ne songent plus à mes lois; j'avais répandu sur eux des torrents de lumière, *ils marchent 'dans les ombres de la nuit!* encore quelques instants et *je ne trouverai plus dix justes sur la terre.* Tu vois cette foule ! elle est toute sur le chemin de l'abîme. Va donc ! montre-lui que la vertu est possible ; sois pur au sein de la corruption générale ; garde ta robe d'innocence au milieu de la boue ; ramène mes élus dans *la voie de la justice; sois le sel de la terre.* »

Le Seigneur a parlé : l'Ange apparaît parmi nous... Il se nomme Louis IX, le saint couronné; François d'Assise, les stigmates de la croix; Thérèse, le génie et la vertu mâle dans un sexe débile ; Louis de Gonzague, la pureté virginale dans la jeunesse bouillante : Vincent de Paul, la philanthropie incarnée dans le christianisme.

A notre siècle rationaliste, altéré d'or, il était réservé de voir un second Martin de Tours partageant son manteau, un autre Jonas dans la Ninive moderne. Ce saint prophète, cet ange de la charité, c'est le CURÉ d'ARS.

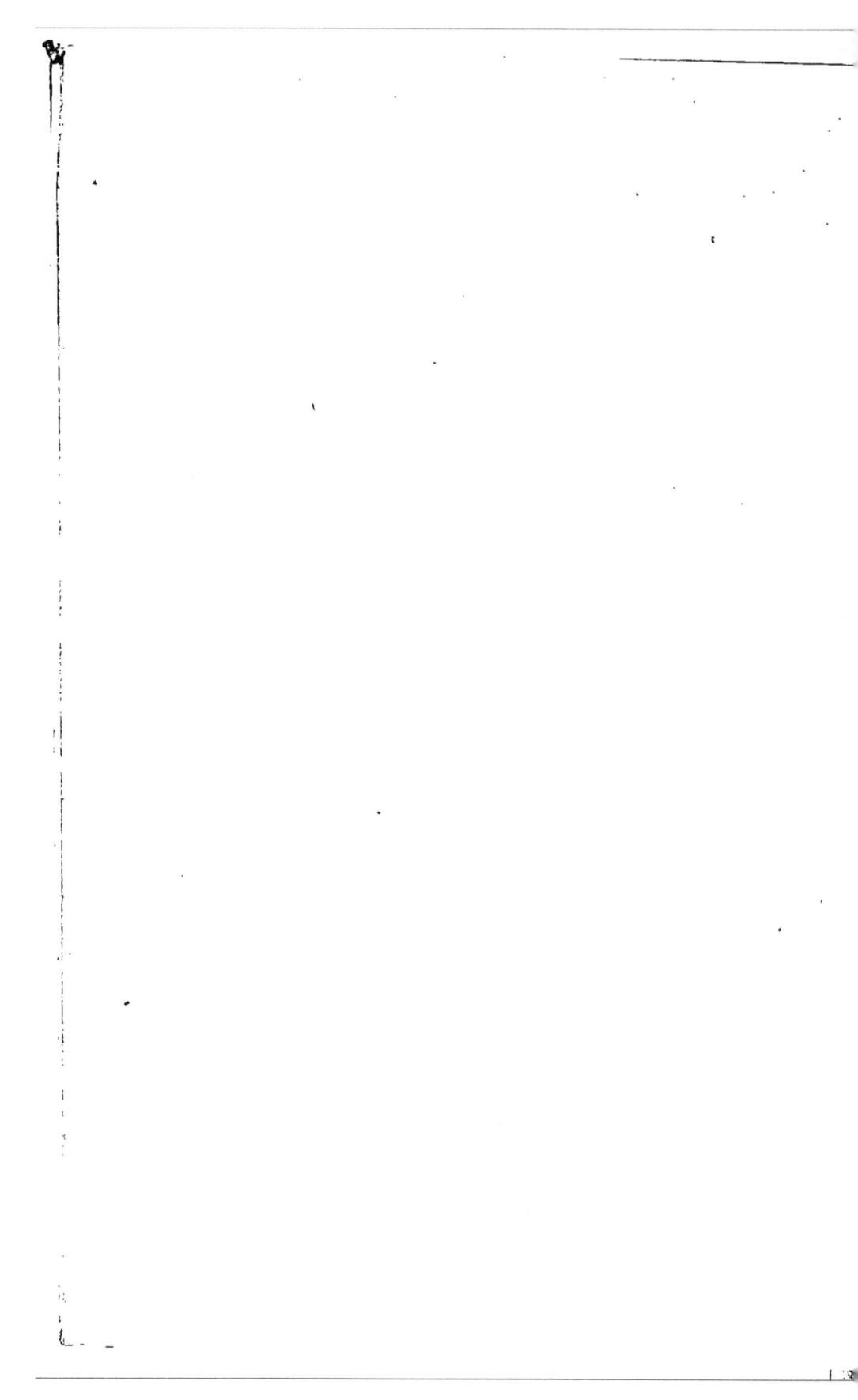

# UN SAINT AU XIXᵉ SIÈCLE

OU

# LE CURÉ D'ARS.

## CHAPITRE PREMIER.

—

### Enfance.

JEAN-MARIE-BAPTISTE VIANEY, connu dans le monde chrétien sous le nom de CURÉ d'ARS, naquit le 8 mai 1786 à minuit, dans le village de Dardilly, situé à huit kilomètres de Lyon, à l'intersection des routes de Mâcon et de Tarare. Ce pays, agréable et fertile, abonde en vin, en fruits et en céréales. C'est là qu'il passa son enfance. Ars, sa résidence actuelle et dont ses vertus ont fait un pélerinage, est une petite commune du département de l'Ain, près de Trévoux; nous

1.

aurons lieu bientôt d'en parler plus lon-
guement.

On peut dire que l'avenir d'un enfant se
trouve en germe dans sa première éducation. La famille est comme une espèce de
sol aride ou fécond selon les éléments qui le
composent, ou les mœurs de ceux qui l'ha-
bitent. Il reste là hérissé de ronces et d'épines ; il se pare ici de toutes les richesses de
la nature. La vertu, comme le vice, est bien
souvent un don héréditaire, une tradition
qui passe avec le sang d'âge en âge. Jean-
Marie-Baptiste Vianey eut le bonheur d'ap-
partenir à une de ces familles privilégiées.
Ses parents ne se distinguaient pas seulement par cette qualité autrefois commune,
assez précieuse de nos jours parce qu'elle
devient rare, qui consiste à ne pas nuire à
son prochain; ils se faisaient estimer par
leur probité et leur bonne foi, aimer par
leur bienfaisance et vénérer par leur piété.

Mathieu Vianey, son père, et Marie Béluse, sa mère, élevèrent dans ces sentiments les six enfants, trois fils et trois filles, qui naquirent de leur mariage. Jean-Marie-Baptiste était le troisième.

A sa naissance, la sage-femme prédit qu'il serait *un grand saint ou un grand scélérat.* Ces paroles imprudentes firent sur sa mère une impression qui ne s'effaça plus. Continuellement partagée entre la crainte et l'espérance, elle eut pour cet enfant une sollicitude particulière. Sachant que la première direction exerce le plus souvent sur toute la vie une influence décisive, elle n'oublia rien pour façonner au bien cette jeune âme et lui inspirer l'amour de la vertu. Aussi quand, dès l'âge le plus tendre, elle vit les pieuses dispositions de son fils, elle répétait avec amour : *Ce sera donc un grand saint que notre petit Jean-Marie.*

Heureuse mère, quels trésors de mérites et de bénédictions elle s'acquérait par cette vigilance continuelle ! Au pied de l'échafaud bien des fois on a vu des criminels maudire leur père et leur mère qui, loin de veiller sur eux, n'avaient pas rougi de les former au mal et de leur donner, eux-mêmes, l'exemple du vice et de la perversité. Quel compte redoutable de tels parents ont à rendre au Souverain Juge! Quelles grâces, au contraire, s'attirent pour cette vie et quelle gloire dans l'autre, ceux qui sont ici-bas pour leurs enfants de vrais anges gardiens !

Rien n'est plus touchant que l'intérieur d'une maison où l'amour et la crainte de Dieu règlent tous les sentiments et les actions. Voyez cette famille chérie du ciel, dont chaque membre commence la journée en se prosternant devant son Créateur pour implorer ses grâces et ses bénédictions! Là

le mari et la femme puisent dans leur fidé-
lité et leur amour mutuels les forces néces-
saires pour affronter les peines de la vie.
Entr'eux point de discordes, ni de récrimi-
nations; dans la bonne fortune ils bénis-
sent le Seigneur; dans l'adversité ils se sou-
tiennent par la résignation et l'espérance.
Ils commandent avec autorité et douceur;
les enfants dociles et respectueux s'empres-
sent d'obéir. Chacun d'eux remplit sa tâche
sans murmurer, et trouve dans une ca-
resse du père et dans les trésors de l'affection maternelle l'encouragement pour son
travail et la récompense de ses efforts.
Point de jalousie, point de haine; celui qui
a le mieux agi est un exemple d'émulation
pour les autres. Une tendre amitié unit les
frères et les sœurs, et consolide les liens de
la nature. Les domestiques aussi, fidèles à
leur devoir et naturalisés par le dévouement et l'affection, ont part aux douceurs
du foyer. La sobriété et la tempérance pré-

sident au repas qui commence par une in-
vocation et finit par une action de grâces.
Puis quand vient la fin de la journée, avec
l'heure du repos, toute la famille ensemble
remercie Dieu de ses bienfaits ; son chef, le
père, ne dédaigne pas de fléchir le genou en
présence des siens ; il s'honore d'être l'écho
des vœux de tous, et d'élever avec soumission devant le Seigneur cette voix qui commande aux autres. Ainsi vit et repose sous
les regards du ciel cette famille qui est **un
paradis sur la terre.**

La mère est spécialement la providence
et l'ange du foyer. Celle de notre jeune héros avait toutes les qualités, la patience,
l'activité, le génie des petites choses, né-
cessaires à cette mission du sanctuaire de
la famille. Elle lui apprit à bégayer dans
le doux langage de l'enfance les noms de
Jésus et de Marie, à joindre ses deux petites
mains et à ne proférer que de pures et sain-

tes paroles. C'était un charme de voir de quelle manière l'enfant répondait à ces soins et profitait des leçons maternelles.

A l'âge de quatre ans, il disparut un jour de la maison. Sa mère, tout inquiète et craignant un malheur, le cherchait avec anxiété. Elle finit par l'apercevoir à genoux dans un coin de l'étable, priant avec ferveur. Une larme de joie s'échappe de sa paupière; mais bientôt comprimant cette douce émotion, elle lui adresse ce tendre reproche : *Pourquoi, mon enfant, te cacher pour prier, et me jeter ainsi dans l'inquiétude?* L'enfant ému du chagrin qu'il pouvait avoir causé à sa mère, vient se jeter dans ses bras, en lui disant : *Pardonne-moi, maman, je ne pensais pas te faire de la peine; je n'y retournerai plus.*

La mère, remerciant Dieu au fond de son âme, pressa son enfant sur son cœur et se garda bien de ne pas encourager ce précieux instinct pour la prière.

A huit ans on lui confia le soin de garder les troupeaux. Il s'en acquitta avec un zèle admirable. Jamais il ne connut l'insouciance, la paresse ou les distractions naturelles à son âge. Une pensée pourtant le suivait partout et absorbait son esprit; mais c'était cette pensée même qui lui faisait si bien remplir son devoir. Il suffit même d'une seule pensée bien suivie pour faire un héros. Quand il voyait tout en sûreté, tout à l'abri de dommage, le jeune berger se jetait à genoux, ou se livrait, en se promenant, à son ardeur pour la prière.

Un jour qu'il était ainsi dans les champs, il lui arriva une petite aventure assez piquante : un voisin l'observait; l'enfant, sans y prendre garde, passe plusieurs fois devant lui en faisant le signe de la croix.

Cet homme fâché, ou feignant de l'être, se plaignit à sa mère que Jean-Marie le prenait pour le diable. Sur le reproche qu'il en reçut, l'enfant répondit : *Quand on fait sa prière, ne faut-il pas commencer et finir par le signe de la croix? et puis savais-je si notre voisin me regardait ou non.*

En lui tout était aimable : le fond principal de son caractère était une égalité d'humeur, une douceur et une humilité vraiment extraordinaires. Jamais il ne lui échappait de ces boutades, de ces mouvements de colère si communs à l'enfance. Il était un sujet d'édification pour sa famille et un modèle pour les enfants du village.

Dans ses moments de récréation il se plaisait à façonner des statuettes ou de petites chapelles en terre molle, qu'il cédait ensuite à quelque camarade chargé de veiller sur son troupeau, tandis qu'il irait assister au saint sacrifice de la messe.

1.

Dans sa dixième année, il commença à partager le travail de ses frères pour la culture; alors chacun travaillait en commun de son mieux et suivant ses forces. Mais un jour qu'il était allé *bécher* la vigne avec son frère aîné François, celui-ci plus fort et plus robuste crut devoir faire plus de besogne que son cadet. Jean-Marie ne parvint à le suivre qu'en s'excédant de fatigue. Ce jour-là, de retour, il se plaignit à sa mère que son frère allait trop vite. L'excuse de l'aîné fut facile. Mais Jean-Marie, le lendemain, se munit, d'une statuette de la Vierge, qu'une religieuse lui avait donnée, et en se rendant au travail il ne cessa d'invoquer sa sainte Patronne. Avant de commencer sa *passée*, il jetait en avant la petite image, et, arrivé là, il la reprenait pour la jeter de nouveau; en même temps il priait Marie de soutenir ses forces. Ce jour il fit autant d'ouvrage que François qui, le soir, en rentrant, dit à sa mère que la Sainte Vierge *avait bien aidé son frère*.

Tout prospérait entre ses mains, et Dieu le bénissait comme il avait béni Jacob chez Laban, et Joseph dans la terre d'Egypte.

Son âme s'ouvrait à tous les sentiments généreux et chrétiens. La vue des pauvres touchait vivement son cœur. Emu d'une tendre compassion, il en conduisait chaque jour quelques-uns à la maison paternelle pour qu'ils fussent secourus. Toujours on les recevait bien; on s'informait de leurs besoins; on leur donnait assistance; et, comme bien souvent ce n'est pas le corps qui souffre le plus, on savait leur prodiguer ces paroles consolantes, qui sont pour l'âme flétrie une rosée céleste. Dans cette famille patriarcale la charité était héréditaire.

Ce qui grandit encore le prix des bienfaits et de la générosité, c'est lorsque, sous le règne des méchants, le bien est proscrit, qu'il faut cacher les bonnes œuvres comme des crimes, et qu'on ne peut rendre service qu'en s'exposant à la mort. Nous connaissons les horreurs qui ensanglantèrent malheureusement la révolution française, et qui ont jeté un voile sombre sur cette grande période de rénovation sociale. L'aveuglement et les passions se déchaînèrent surtout contre les ministres de Dieu : l'échafaud était dressé de toutes parts, les églises fermées, les cloches abattues, les prêtres poursuivis, traqués, chargés de fer et conduits à l'exil ou à la mort. Ceux qui étaient assez heureux pour échapper aux recherches des persécuteurs ne trouvaient de refuge que dans les bois, les cabanes désertes ou des maisons ignorées. Alors les ombres de la nuit étaient pour ainsi dire nos seuls sanctuaires. Partout veillaient la délation hideuse et la haine féroce. Il fallait risquer sa vie pour accomplir ses devoirs religieux, pour cacher les prêtres du Seigneur, ou pour les arracher au trépas. Le

temps des martyrs était revenu avec les
règne des tyrans.

Au milieu de la terreur générale bien des
efforts particuliers furent tentés pour sauver les proscrits. L'histoire a signalé entre
mille quelques traits de ce dévouement qui
nous relève et nous console. Tel celui d'E-
tienne Geoffroy-Saint-Hilaire, une de nos
plus grandes gloires dans la science, qui,
après avoir délivré son vénérable maître,
le savant abbé Haüy, tirait encore du
sein de la mort, le premier jour des massa-
cres de septembre, à Paris, douze autres prêtres, douze victimes ravies au maillet des
assommeurs. Le feu du poste qui déchira
ses habits mit seul un terme à ces actes
magnanimes d'un héros de vingt ans. On ne
peut trop rappeler de si beaux exemples.
Mais des traits nombreux de ce noble courage sont restés dans l'oubli ou dans la mémoire seule de nos pères.

Dans ces temps déplorables et périlleux, la maison de Mathieu Vianey fut un lieu de retraite pour les confesseurs de la foi. Tandis qu'à Lyon, pour ainsi dire à sa porte, les sanguinaires Couthon et Collot-d'Herbois exerçaient leurs fureurs et faisaient tomber les têtes par milliers, cet homme vertueux, cet excellent père de famille, qui chérissait tous les siens, n'eut pas peur d'être chrétien avant tout, et de braver les plus grands dangers pour soustraire à la mort les serviteurs de Dieu. Parmi ceux qu'il eut le bonheur de dérober à la guillotine, il en est deux que nous citerons entre tous : c'est M. Balley, de l'ordre des chartreux; ce digne prêtre, qui fut dans la suite le précepteur du jeune Jean-Marie, et M. Royer, prêtre sulpicien qui continua d'être aussi dans cette contrée l'apôtre des catacombes. Il était chargé spécialement d'examiner les enfants qui devaient être admis à la première communion, et de les préparer à cet acte le plus important de la vie.

## CHAPITRE II.

—

## Première Communion.

L'homme le plus fameux des temps modernes, qui jouissait de tout l'éclat du génie, de la gloire et de la puissance et qui commandait à l'Europe, Napoléon-le-Grand disait que le plus beau jour de sa vie était celui de sa première communion. Il jugeait en connaissance de cause, ce grand dominateur de la terre; il savait que tous les biens d'ici-bas ne sont rien en présence du bonheur de posséder le ciel dans son cœur. Que fut-il donc ce jour pour le vertueux jeune homme dont nous traçons la vie? Avec quel soin et quel amour il s'y prépara! Qui pourrait dire son recueillement, l'effusion de ses

prières et de son âme devant Dieu? Toujours
plongé dans des méditations pieuses, et ani-
mé de saints transports, il faisait, suivant
l'expression de ses compagnons d'âge, *assaut
avec son bon ange*.

Puissent tous ceux qui se disposent à cette
grande solennité, le prendre pour modèle,
éviter les jeux, le bruit et la dissipation,
implorer avec ferveur les grâces d'en haut,
tenir leur cœur dans le ciel et vivre avec
les anges! S'ils imitent le pieux Jean-Marie,
s'ils font une bonne première communion,
leur salut est assuré, et l'on peut dire aussi
ce bien-être précieux, quoique passager, que
dans le monde on appelle *l'avenir*. Si par
malheur ils viennent un jour à oublier leurs
devoirs, le Seigneur les ramènera tôt ou
tard dans la voie du repentir, comme
Napoléon; car ce grand homme a fait une
mort exemplaire et vraiment chrétienne.
Plus heureux ceux qui persévèreront; un

jour peut-être, comme le jeune Jean-Marie, ils seront de grands saints.

Quand vint le moment du bonheur suprême, ce moment après lequel il avait tant soupiré, il reçut son Sauveur avec une douce quiétude, et lui donna son cœur tout entier; et, comme il s'était livré à Dieu sans partage, Dieu à son tour le combla de ses plus ineffables délices. Il faudrait avoir contemplé ce visage rayonnant d'une angélique pureté, d'une joie céleste, et avoir pénétré dans cette âme brûlante d'amour, pour comprendre ce que Dieu réserve à ceux qui l'aiment sincèrement.

Ce fut la nuit de Noël, 1799, que Jean-Marie Vianey, à l'âge de treize ans, reçut la première communion des mains de M. Royer, dans la maison du comte Pingeon, qui dans ces temps de persécution rendit à l'Eglise, avec les familles de Mièvre, de Margaron,

de Verron-la-Croix et autres , de si coura-
geux et si mémorables services.

Il porta sans tache à la rénovation des
vœux du baptême cette robe d'innocence
qu'il avait revêtue quand l'eau régénéra-
trice coula sur son jeune front. Il avait déjà
tenu les promesses faites pour lui ; attaché,
uni sans retour à son Dieu , il répéta avec
intelligence , avec calme et fermeté les paroles sacrées de son engagement.

Dieu avait si bien touché son âme que depuis cette époque le but de tous ses désirs,
l'objet de toute son ambition fut la prêtrise.
Autour de lui pourtant il n'y avait qu'obstacles et sujets de terreur. Il atteignait l'a-
dolescence et n'avait pas commencé ses
classes ; l'horizon politique était couvert
encore de nuages, et si la persécution était
moins violente, elle pouvait se ranimer.
Mais ces considérations, loin de le rebuter ,

excitaient son courage, tant la grâce, l'héroïsme dont il était témoin, et le bonheur
d'être tout à Dieu parlaient à son cœur.
Aussi comme *gémit la colombe, comme le
cerf altéré soupire après la source d'eau
vive*, ainsi gémissait et soupirait son âme
après le Seigneur. Ses désirs s'exhalaient en
prières si touchantes que ses frères et ses
sœurs en furent émus et s'unirent à lui
pour obtenir l'aveu de leurs parents. Quelles marques plus belles de vocation que
ces demandes, ces supplications sans cesse
renouvelées en présence et peut-être dans
l'espoir même du martyre! Puissent tous
les jeunes lévites se donner à Dieu avec la
même générosité!... Mais ses parents, quoique remplis de joie par de si pieuses dispositions, craignant pour lui dans ces temps
d'alarmes, se montrèrent peu empressés de
céder à ses sollicitations. La prudence et la
voix du sang furent plus éloquentes. Près
de deux ans se passèrent ainsi sans qu'ils

changeassent, ni lui, ni eux, de sentiment.
Admirable exemple pour ceux qui , sans
avoir consulté la volonté du ciel et l'incli-
nation de leurs enfants, seraient tentés de
les conduire comme des victimes au pied
de l'autel !

# CHAPITRE III.

—

## Éducation.

La journée de Marengo, 14 juin 1800, à
jamais célèbre dans les fastes de l'Eglise,
ramena partout l'ordre et la sécurité.
Le concordat fut signé entre le glorieux
vainqueur et l'immortel Pie VII.

Ce fut alors que les parents de Jean-Marie

se rendirent à ses vœux. Ils choisirent pour faire son éducation M. Balley qui venait d'être nommé curé à Ecully, et qui avait déjà quelques élèves. Le jeune homme devait habiter la résidence de son précepteur. Il était temps de commencer, il atteignait seize ans.

Quand il apprit cette détermination, son cœur bondit d'allégresse; il était au comble de ses vœux. Il serait, lui aussi, prêtre du Seigneur; tous les jours il élèverait vers le ciel ses mains suppliantes pour le salut de ses frères; il soulagerait les pauvres, consolerait l'infortuné et le malade et sauverait des âmes. Et c'est auprès d'un modèle aussi parfait de toutes les vertus qu'il allait puiser les saintes doctrines du sacerdoce et les inspirations pieuses du ministère sacré. Il devenait le disciple de ce prêtre vénérable que sa famille avait préservé et dont la piété avait fait l'édification de tous. Déjà il

avait demandé à Dieu cette grâce ; ses parents en jetant les yeux sur ce saint prêtre
ne faisaient qu'accomplir un de ses vœux
les plus ardents.

Le choix d'un précepteur est un premier
enseignement. Qu'il nous soit permis de re-
mercier ici le ciel et nos parents de ceux
qu'ils nous donnèrent. Grâces soient ren-
dues aussi à nos maîtres vénérés et chéris du Petit - Séminaire de Grenoble.
Laïque jeté au milieu du monde, *cette terre
souvent plus agitée et plus bouleversée que
l'Océan qui nous environne*, nous avons
toujours retrouvé dans le souvenir de leurs
leçons et de leurs exemples le phare libérateur. Bien souvent dans les heures de crise,
pénétré de ce sentiment, nous avons répété
avec émotion ces beaux vers du jeune poète
élevé comme nous sous ce toit tutélaire et
que la mort, hélas ! nous ravit à vingt ans :

. . . . . . . . . . . . . . . . . . . .
Et puis si l'œil distrait repousse la boussole,
    Dans les ombres de l'avenir,
*C'est un rayon sauveur qu'un pieux souvenir.*
Des beaux jours innocents l'innocente parole
    Dit à l'âme qu'elle console :
Le bonheur du printemps peut encore revenir.

              AUG. ARNAUD.

C'est une mission sainte et pénible que celle de l'enseignement. Nous voudrions faire comprendre ici tout ce qu'elle exige de mérite dans la personne du maître, de sollicitude, de travail et de dévouement dans l'exercice de ses fonctions à tous les degrés de cette carrière. Le maître continue l'œuvre de la famille : à la vigilance, à la tendresse, au cœur de la mère, il doit joindre l'énergie, l'activité, la tête du père ; il doit allier dans une sage mesure la douceur et la fermeté, la dignité et la condescendance, ayant du reste toutes les qualités requises de moralité et de savoir. Ce n'est pas encore assez : son but lui échappe, son œuvre avorte, s'il ne sait pas prêcher d'exemple, soit pour inspirer l'amour de l'étude, soit pour donner à ses leçons cet à propos, cette efficacité, cette vie qu'elles ne tiennent que d'une préparation immédiate en toutes choses et dans toute classe, même les plus élémentaires. Le meilleur instituteur est celui qui se prépare sans cesse et qui simplifie le plus ses méthodes. Ajoutez maintenant la gravité, le talent, la vertu et la piété, vous aurez un instituteur, un professeur parfait et des élèves accomplis. Toutes ces qualités étaient réunies dans le vénérable curé d'Ecully, M. Balley. Aussi son élève est-il un saint.

Voilà donc le jeune Vianey sous la direction d'un homme en tout recommandable. Son cœur aimant avait souffert en disant adieu à sa famille ; mais ce n'était pas une de ces âmes oisives et molles qui se laissent abattre par le regret ou dominer par une fausse sensibilité. L'étude et le but qu'il se proposait adoucirent pour lui l'amertume de la séparation.

A Ecully il habita chez sa cousine, femme vertueuse qui verse encore des larmes au souvenir de la vie mortifiée du saint jeune homme. Aussitôt il se mit à l'œuvre avec ce zèle, cette application qui, appuyée sur l'intelligence et le jugement, triomphe des obstacles, et qui est la première condition pour acquérir la science. Toutes ses heures étaient réglées ; il en observait ponctuellement et scrupuleusement la disposition. Son temps se divisait entre l'étude et la prière. Il n'avait pas craint d'en laisser et même d'en réclamer une large part pour l'accomplissement de ses devoirs religieux ; il savait, selon le langage de saint Paul que *la piété est utile à tout*, et que sous le rapport de la science aussi bien que de la vertu, elle est comme une de ces hautes montagnes d'où descendent divers fleuves, qui vont semer partout sur leur passage la vie, la fraîcheur et la fécondité. *D'ailleurs Dieu n'est-il pas le maître des sciences ?...* Il fut donc le modèle des écoliers commeil avait été celui des enfants de sa paroisse. En grandissant il comprit qu'avec les années ses obligations devenaient plus étendues et plus sérieuses. Aussi chacun fut édifié de ses vertus et de sa piété. Il n'ignorait déjà aucune des pratiques les plus élevées de la vie chrétienne. La méditation, le jeûne, la mortification étaient ses exercices favoris et les plus assidus. Enfin rien n'égalait son exactitude dans l'accomplissement de tous ses devoirs que son humilité, sa vive affection et sa profonde reconnaissance pour son précepteur.

C'est un rude labeur que de faire ses classes; et quelle que soit la facilité d'un élève, il rencontre toujours mille obsta-

cles au développement de ses facultés tant
dans son ignorance native que dans la faiblesse de ses organes; car ils font partie de la
matière et ont été maudits aussi comme le
reste de la terre. Cependant on s'étonne parfois de la longueur des études; notre siècle
impatient voudrait que tout marchât en
*chemin de fer.* Mais si la nature nous laisse
pénétrer peu à peu dans le secret de ses
plus étonnants mystères, elle a des lois im-
muables qui, une fois reconnues et établies,
ne peuvent être modifiées. La mère gardera toujours neuf mois son enfant dans son
sein pour former son corps. Mais l'âme est
si supérieure aux organes! il faudra donc
bien plus de temps pour la former; les mois
pour ce travail se changent en années : neuf
mois font un enfant, neuf ans donne-
ront un homme : c'est l'ordre même de la
nature, sanctionné par une vieille expérience; car tout n'est pas à changer dans
les traditions de nos pères; sous ce rap-

port, comme sous bien d'autres, ils étaient plus sages que nous.

Laissez donc l'adolescent, comme l'enfant, se raffermir, se développer peu à peu : n'exigez pas de lui une maturité précoce. Rien n'est plus éphémère que ces petits prodiges ; telle s'évapore la goutte de rosée aux rayons du soleil. Le feu de la pensée dévore leurs frêles organes ; une vie trop active atrophie promptement leur intelligence ; c'est assez que l'élève marche pas à pas, en se montrant laborieux et sage ; si en outre il est humble et vraiment pieux, il a toute la perfection désirable. Un jour il sera un homme utile.

Jean-Marie se distingua moins par des études rapides et brillantes que par la solidité de son jugement et de ses principes. Toute bonne pensée se gravait profondément dans son âme et devenait une base sur la-

quelle s'élevait l'édifice de son instruction
et de son salut. Ce n'était pas un de ces esprits versatiles qui flottent au gré de tous
les vents, et qui, incapables d'avoir par eux-
mêmes une volonté, ne font jamais rien de
bon. Du reste ce n'est pas *l'intelligence qui
fait l'homme, c'est le cœur, parce que là se
trouve le siége de notre liberté.* Quiconque
use bien de la sienne et n'agit qu'avec l'a-
veu de sa conscience, fait un acte moral et
méritoire. Si nous n'avons pas le courage
d'aspirer à cette haute sanctification qui
s'acquiert par les austérités, les longs jeûnes et les inspirations d'une brûlante charité, nous pouvons du moins tous être justes, francs, consciencieux et chrétiens.
Dieu nous montre déjà dans un simple élève
la condamnation de notre lâcheté.

Bénoit XIV, un des flambeaux de l'Eglise
disait : *Que l'on me cite un élève
n'ait jamais surpri.*

*et je le canonise de son vivant.* Si ce
grand Pape eût vécu de nos jours et qu'il
eût connu la conduite irréprochable du jeune
Vianey, il eût pu le couronner de la sainte
auréole. Jamais on ne vit en lui aucun ves-
tige d'imperfection. Ce charmant jeune homme ne se contentait pas de faire des progrès
dans la science, il avançait plus encore dans
la vie contemplative et religieuse. Comme
un valeureux soldat qui, nuit et jour, l'arme à la main, dans la tranchée, ou à l'affût du
canon, affronte et brave tous les périls pour
emporter une tour Malakoff, il livrait à sa
chair rebelle de sanglants combats, l'abat-
tant par une continuelle mortification, cou-
chant par terre, *veillant et ne cessant de
prier.* Mais tandis qu'il était si rigoureux
pour lui, il était plein d'aménité et de pré-
venance pour les autres. Telle fut sa vie scolaire jusqu'à la fin de sa rhétorique.

# CHAPITRE IV.

## Épreuves.

Alors ses classes furent interrompues par un accident qui mit sa piété à une rude épreuve.

*Il faudrait au moins que celui qui chemine avec tant de peine dans l'âpre sentier de la vertu fût à l'abri des attaques du dehors;* car c'est une lutte assez redoutable d'être ainsi continuellement aux prises avec soi-même, en guerre avec les mauvais penchants de notre nature. Mais le plus souvent tout s'unit pour perdre le juste : l'enfer conspire avec le monde et déchaîne ses fureurs; l'antique ennemi des hommes joint sa malice et ses ruses à l'emportement des passions humaines. Tout dans sa main devient une arme contre les élus du Seigneur.

C'était en 1809, les principes et le pouvoir nouveaux inaugurés par tant de victoires ne pouvaient se maintenir et s'affermir que par d'incessants triomphes ; l'Europe jalouse, humiliée, tenait sur nous ses regards pleins de haine, et la lutte s'ouvrait en Espagne. Près de vingt années consécutives de guerre avaient décimé nos jeunes générations. Malgré la gloire et les succès, le tribut du sang commençait à peser durement sur notre pays ; les lois du recrutement étaient rigoureuses. Depuis trois ans Jean – Marie -- Baptiste Vianey avait fait partie du tirage, et paraissait jouir du bénéfice des aspirants à l'état ecclésiastique, que M. Balley était allé réclamer pour lui à Lyon. Mais on ne l'avait pas inscrit sur les registres; et pourtant, chose étrange, au moment des levées de 1806, on

l'oublia complétement. L'approche des exa-
mens qui précédaient la philosophie, trahit
cette omission. Peut-être la malveillance qui
s'attaque à tout n'y fut-elle pas étrangère.
Soudain à la rentrée des classes, octobre
1809, il reçut sa feuille de route avec destination pour l'Espagne. Ce fut un coup de
foudre pour toute sa famille. Son père essaya
de lui faire un remplaçant; mais un jeune
homme qui avait d'abord accepté pour trois
mille francs vint, deux jours après, les dépo-
ser à leur porte, pendant la nuit, avec le sac
d'équipement. C'était la veille du départ.

Le matin éclaira une scène déchirante
dans cette famille où se confondaient les san-
glots, les pleurs et les gémissements. Il fallait donc partir, hélas! sans espoir de retour;
car alors le conscrit marchait à la mort.
L'angoisse accompagnait ses embrassements,
et l'on recueillait ce dernier regard que l'on
n'oublie plus, comme celui de l'éternel adieu.

Dans cette France couronnée de lauriers il n'y avait pas une famille qui ne fût en deuil. Chaque année on exigeait de cent mille mères le sacrifice que Dieu n'osa pas demander à Sara.

Tant de secousses ébranlèrent la frêle organisation de Jean-Marie : il fut saisi de la fièvre. Cependant l'autorité l'attendait et ne le voyant pas venir elle avait envoyé ses agents pour le chercher. Plus de retard possible; il s'arracha comme il put des bras de ses sœurs. Sa mère s'était éloignée pour ne pas voir partir ce fils qu'elle avait tant aimé. Son père non moins ému, mais plus calme, tâchait de relever le courage de tous en promettant de faire de nouvelles tentatives de remplacement. Ses frères *lui firent la conduite* et en le quittant ils fondirent en larmes. Lui seul avait contraint et dominé sa douleur, et, par un effort de son angélique résignation, il avait montré un front paisible avec la mort dans l'âme.

Mais il avait subi trop d'assauts et avait trop concentré l'excès de son chagrin pour ne pas en ressentir le contre-coup. Sa fièvre s'aggrava et sa première étape fut à l'hôpital de Lyon. 28 octobre 1809. Il y passa quinze jours pendant lesquels ses parents vinrent le voir successivement. Ils le trouvèrent toujours dans les sentiments de la plus entière soumission aux volontés du ciel. La souffrance et l'éloignement semblaient même l'avoir livré plus intimement à sa seule pensée, l'amour de Dieu.

Quand il fut un peu remis, on le dirigea sur Roanne dans une mauvaise voiture dont les cahots et les ballottements l'incommodèrent beaucoup; il eut plus à souffrir encore de l'intensité du froid qui détermina une recrudescence de fièvre. Il n'arriva donc à Roanne que pour rentrer à l'hôpital. Il y reçut comme à Lyon, la visite de tous ses parents et de leurs amis, dans l'intervalle

d'environ un mois et demi. Sa patience, sa
piété et la connaissance de son malheur et
de tout ce qui le concernait, lui gagnèrent
l'estime de tout le monde. Mais il était loin
de soupçonner que cet intérêt même dût
inspirer bientôt l'idée de sa délivrance.

Sans doute ce fut une infraction à **la loi**
civile, mais elle eut lieu dans des **circons-**
**tances** telles que, si on ne peut complétement
la justifier, on se l'explique du moins, j'al-
lais dire on l'excuse, sans peine. Au **reste**
Dieu qui, seul, sait tirer le bien du mal
permet parfois que ses saints tombent dans
des fautes peu graves ou même involontai-
res, afin d'anéantir en eux toute pensée
d'orgueil, et d'activer leur énergie par le
sentiment de leur faiblesse. C'est la première
et seule ombre qu'on trouve dans l'admirable tableau de cette vie !

Abordons ce sujet. Le jour des rois, 6

janvier 1810, une de ses sœurs arriva, le
soir, à Roanne pour le voir. Il en était
parti le matin; une charrette l'emportait du
côté du midi sous l'escorte de deux gendarmes. La journée avait été affreuse : la bise
soufflait avec violence et fouettait les tour-
billons d'une neige fine et glaciale. Exténué
par deux mois de fièvre, par le malaise et
le froid, Jean-Marie était dans un état déplorable. Le conducteur, homme compatissant,
qui l'aimait et qui connaissait déjà toutes
les circonstances de sa vie et de son infor-
tune s'inspira de son humanité et de son affection pour le soustraire à cet enrôlement
qui l'avait atteint d'une manière si injuste
ou si fatale. Profitant d'un moment où les
gendarmes s'étaient arrêtés dans une au-
berge, tandis qu'il cheminait, il propose au
jeune homme de descendre. En vain il re-
fuse et oppose à ses instances la gravité de
son devoir; pour cet homme la question
est résolue : sauver un malade de la mort,

une victime de la délation , délivrer les ambulances d'un fardeau , et donner à la religion un excellent prêtre, c'est rendre service
à l'État et obéir à la volonté de Dieu. Sur
ces représentations , il le prend par le bras,
l'entraîne presque défaillant, et va le placer
sur un côté de la route, lui recommandant
d'aller, comme il pourra, se cacher dans la
forêt voisine, où il viendra le reprendre.
Cédant à l'épuisement plus qu'à la persuasion, Jean-Marie le laisse faire. Dans cet
état d'inanition, la résistance était comme
impossible; c'était déserter pour ainsi dire
malgré lui. S'il fut coupable, il est facile de
s'en rendre compte, comme on le voit.
Au surplus disons : *Felix culpa*, heureuse
faute, qui nous a conservé un saint! Ce n'est
pas toutefois le manque de courage qui fit
de lui un réfractaire : jamais celui qui a le
cœur pur ne craignit la mort; et celui qui
l'appelle tous les jours par les veilles, les
jeûnes, les macérations, n'a pas peur de

tomber sous une balle ennemie. Mais sans
être pusillanime, on peut avoir de l'aversion
pour ce métier devenu, hélas! le plus noble
de tous, qui s'exerce par le carnage; une
âme pieuse surtout peut abhorrer cette gloire qui s'acquiert par l'effusion du sang humain. Enfin le départ de son frère pour lui
et son trépas sous nos drapeaux montrera
que le courage aussi, comme les autres vertus, était héréditaire (*) dans la famille
Vianey, et disculpera pleinement Jean-Marie
de s'être soustrait aux terribles hécatombes
de cette époque.

Quand le conducteur vit venir les gendar-

---

(*) Une des branches de cette famille depuis quatre générations a fourni, de père en fils, à l'armée française des
officiers distingués, qui ont noblement succombé pour la
patrie sur le champ de bataille, ou sont morts dans leurs
foyers couverts de cicatrices et de gloire. L'un d'eux vit
encore, en retraite, honoré de la croix des braves qu'il a
méritée par 21 campagnes et 14 blessures, estimé de tous
ses concitoyens et chéri des pauvres.

mes il courut à eux, d'un air effaré, et, faisant semblant de leur signaler le déserteur, les mit sur une autre voie. Ils cherchèrent en vain, passèrent et repassèrent sur la route où il était encore sans l'apercevoir, et, de guerre lasse, ils abandonnèrent leurs perquisitions. A la nuit son libérateur vint le prendre dans la forêt où il s'était traîné, on ne sait comment, et l'aida à gagner le hameau des Robins, commune des Noës. Il se rendit chez un sabotier de ce village et y travailla ensuite une journée à préparer des bois de sabots.

## CHAPITRE V.

### L'Instituteur.

Cependant cette fuite, coupable ou non, tourmentait sa conscience. Il n'eut aucun repos jusqu'à ce qu'il en eût informé le Maire de ce pays. Ce brave homme touché de son malheur aussi bien que de sa démarche et de sa position jugea bon de garder le secret sur son équipée; et pour lui procurer les moyens de vivre et de se dérober aux poursuites de l'autorité militaire, il lui confia sous un pseudonyme l'école de sa commune; ce qui était déjà comme une réparation de sa faute.

Jean-Marie exerça quatorze mois cette modeste et honorable profession. Il y consacra le zèle et la patience qu'exige cette charge laborieuse et s'en acquitta avec succès. Nous n'avons pas besoin de rappeler quels sont les principaux devoirs de l'instituteur. Ils sont tracés dans ce que nous avons dit plus haut de l'enseignement en général. Nous ajouterons seulement quelques mots sur certaines particularités.

Il y a dans ce degré élémentaire mille pe-

2.

tits détails qui veulent des soins spéciaux. Il faut que l'instituteur se multiplie pour faire face à toutes les exigences. A toute heure du jour et pour ainsi dire à chaque minute, il doit représenter les rôles les plus divers. Nous dirions qu'il doit être un agréable et sage Protée, si cette image était assez noble; mais nous aimons mieux nous servir des paroles de saint Paul et lui recommander, puisqu'il a sous la main un échantillon de tous les âges, *de se faire tout à tous.* Qu'il répète avec la tendresse touchante du Sauveur : *Laissez venir à moi les petits enfants !* Qu'il aime cette candeur, partage cette naïveté et couvre de son aile protectrice cette angélique innocence. Avec l'étourderie qu'il soit ouvert sans oublier la discrétion, sachant lâcher et retenir les rênes à la turbulence; cordial avec la raison naissante, et sage conseiller pour la jeunesse. Que jamais il n'oublie qu'il doit avoir l'œil à tout, et qu'à côté de lui veille

le génie du mal pour paralyser son œuvre.
Voilà pour l'éducation.

Quant aux études, l'école primaire est
un vrai monde ; c'est le mouvement perpé-
tuel. Voyez cet atelier ! comme tout marche ; c'est l'ordre dans le désordre : l'un
bégaie ses lettres, l'autre ajoute des sylla-
bes; celui-ci trace des barres, celui-là copie
un modèle; ce savant fait du calcul, ce
grammairien de l'orthographe; cet historien
raconte la vie de Joseph ou le festin de Bal-
thazar. Vingt maîtres, ce semble, ne suffi-
raient pas à la besogne, et un seul l'accomplit tout entière ; un seul a cent yeux, cent
oreilles, cent voix ! Partout dans cette nuit
de l'intelligence sa parole fait jaillir un
rayon de lumière. Il peuple cet autre monde
désert. Fonctions pénibles, mais admirables
qui font l'instruction, les principes, les
mœurs, l'avenir du hameau !...

Guidé par le sentiment profond de ses devoirs et par le souvenir des leçons de son excellent maître, Jean-Marie ne laissa rien à désirer pendant son court passage dans cette carrière fortuite. En peu de jours il s'attira l'estime des parents et la confiance des élèves, le respect et l'affection de tous. Il mania ces jeunes esprits avec une adresse étonnante, enseignant avec autorité et gardant ailleurs les justes limites d'un abandon transitoire. Toujours il avait à la bouche un mot de satisfaction ou d'encouragement; car les jeunes gens, quels qu'ils soient, souvent même les hommes, sont incapables d'efforts continus s'ils ne reçoivent d'en haut quelque témoignage d'intérêt ou de bienveillance. Le maître ne doit pas oublier que son cœur aussi bien et mieux que l'émulation est la source des progrès. Enfin il obtint de tels succès et gagna si bien l'amitié de tout le monde que jamais, malgré le nombre de personnes qui connaissaient son secret ou devaient soupçonner quelque chose, il ne transpira sur son compte aucun mot qui pût mettre l'autorité en éveil. Mais ce qui frappa le plus ces braves gens, ce fut sa piété profonde. Bientôt chacun répéta : *Nous avons parmi nous un saint.* Aujourd'hui même l'exemple de ses vertus est encore vivant dans la mémoire de tous ceux qui l'ont connu. De son côté, il a conservé de ce pays de si bons souvenirs qu'à son ordination il demanda d'y être envoyé comme vicaire, et que sur ses vieux jours il a pensé plus d'une fois à faire sa patrie de ce lieu d'exil de sa jeunesse.

Il passa ainsi l'hiver ; au printemps et pendant l'été, l'école étant déserte, comme il arrive dans toutes les montagnes, il travailla aux champs.

Dans cet intervalle une personne de cette commune fit à ses parents une visite

2..

mystérieuse et leur donna de ses nouvelles;
mais elle n'eut garde de trahir le lieu de sa
retraite. Cependant sa fuite leur avait valu
de la part de l'autorité des menaces de
confiscation, qui prenaient chaque jour un
caractère plus alarmant, quand un acte de
générosité sublime y vint mettre un terme.
La tranquillité leur fut rendue; mais hélas!
ce fut au prix d'une noble et pieuse victime.
Le plus jeune des fils Vianey, nommé François comme l'aîné, qui atteignait vingt ans,
se sacrifia pour sa famille et pour son frère
et s'engagea pour le remplacer. Exemple touchant d'amour filial et fraternel! Voilà comment se chérissent les membres des familles
vraiment chrétiennes; il n'est pas de dévouement dont ils ne soient capables les
uns pour les autres. Elle est bien rare aujourd'hui cette affection entre les frères. On
dirait que le sang a perdu ses droits sacrés.
Les querelles, la jalousie, la discorde attris-
tent les regards paternels; les haines, au

lieu de s'éteindre, s'enveniment de jour en jour. La division pour éclater n'attend plus que le dernier soupir d'un vieillard ; alors on s'arrache les lambeaux de son héritage ; on se les dispute sur sa tombe; et ces débats ignobles, des cris éhontés vont troubler sa cendre dans le sein du repos. L'égoïsme a tari la source de tous les bons sentiments ; l'intérêt a rompu les doux liens de la nature; on reste sourd à cette voix plaintive qui vient du champ de mort inviter à la concorde. Nous avons vu le frère trahi par la sœur; la sensibilité de ce cœur fait pour la tendresse s'est aussi glacée au contact de l'avarice. Armé du glaive accéré de la parole comme d'un poignard, on frappe avec une aveugle fureur, on déchire, on égorge l'innocente victime. Le sang d'Abel rougit la terre. Et l'on s'étonne de la malédiction que Dieu semble avoir prononcée contre nous ! On pratique l'improbité et l'injustice, et l'on accuse la justice céleste ! Autrefois on savait se dévouer et mourir pour un frère; aujourd'hui on le laisse périr dans le besoin; que dis-je? afin que son agonie soit plus atroce, on se joint à ses ennemis pour porter dans son sein les derniers coups.

Tel ne fut pas le frère de Jean-Marie; cet héroïque jeune homme qui prit, à son insu, sa place sous nos drapeaux, lui consacra jusqu'à la dernière goutte de son sang. Sa famille n'eut pas le bonheur de le revoir; elle n'eut bientôt plus, surtout Jean-Marie, qu'à pleurer sur ce cœur magnanime. Une lettre qu'il écrivit d'Espagne annonçait son prochain départ pour la campagne de Russie en 1812. Il y mourut sans doute, car on ne reçut jamais de ses nouvelles.

A la faveur de cet engagement, Jean-Marie pouvait rentrer dans ses foyers. Mais il ignorait cet événement; et sa famille, le lieu de son refuge. A force de recherches on

finit par le découvrir; il fut rappelé. A
cette nouvelle, les pères de famille accoururent lui apporter le tribut de leurs remer-
ciments, de leurs félicitations et de leurs
regrets, tandis que ses élèves se cotisaient
avec un élan unanime, et venaient lui offrir un cadeau comme gage de leur reconnaissance.

## CHAPITRE VI.

### Le Séminariste.

Il revint donc à Dardilly, et après quelques jours consacrés aux joies de la famille
troublées hélas! par la pensée de l'absent, il
reprit ses études auprès de M. Balley. Un
mois après, 28 mai 1811, pendant sa rhé-

torique, il reçut, à Lyon , la tonsure des mains de Mgr Claude Simon, évêque de Grenoble, qui venait remplacer dans les ordinations S. E. le Cardinal Fech, retenu à la Cour par les liens du sang et par les intérêts de l'Eglise. Dès ce moment il se fit encore en lui une espèce de révolution religieuse. Tout son extérieur, toutes ses démarches se ressentaient de ce premier pas qu'il avait fait vers l'autel.

L'année scolaire suivante il entra au petit-séminaire de Verrières, près de Montbrison, pour suivre le cours de philosophie. Il n'y obtint pas de brillants succès; car il est bien rare que l'on puisse combler en une année les lacunes inévitables d'une éducation particulière, d'une éducation interrompue comme la sienne, et que la supériorité ne reste pas à ceux qui ont fait des classes régulières dans un bon établissement où des soins assidus et le

contact d'une société nombreuse et choisie
contribuent puissamment à développer
l'intelligence, à étendre le cercle des idées;
mais nul ne le surpassa en vertu et en piété.
Et en définitive, même humainement parlant, c'est là le vrai fondement de l'avenir,
la force réelle, et le gage d'une supériorité
infaillible. Par la piété et la vertu on brille
toujours devant Dieu et souvent aussi,
quoiqu'un peu tard, parmi les hommes. Au
reste ne suffit-il pas au prêtre d'avoir la
science du salut, et ne savons-nous pas
que Dieu aime à choisir ce qu'il y a de plus
faible pour nous confondre? Tout devient
fort par la puissance de Dieu ; le plus humble esprit s'illumine au contact de son intelligence, comme le corps le plus opaque
resplendit à la lumière étincelante du soleil.

Au séminaire, Jean-Marie eut soin de ne
fréquenter que des jeunes gens pieux

comme lui. Autant la société des libertins
est nuisible et périlleuse, autant ces douces
amitiés sont utiles pour le progrès dans la
vertu. Il trouva un jeune condisciple qui
partageait tous ses sentiments ; il en fit
son compagnon et bientôt son ami. Ils s'en-
courageaient, s'édifiaient l'un l'autre, pas-
saient ensemble leurs moments de loisir à
étudier, à s'entretenir de choses pieuses ou
innocemment récréatives, sans affectation,
sans contrainte, sans garder une ligne
tranchée de séparation avec leurs camarades. Doux et polis avec tout le monde, ils
n'excluaient personne de leurs conversa-
tions ; ils n'auraient fui que les propos
mondains ou trop légers. Jamais leur
compagnie ne parut incommode, tant ils
savaient, dans l'occasion, céder à une
vive et franche gaîté. Au reste naturelle-
ment la joie s'accumule au fond de l'âme
qui se commande et d'une conscience sa-
tisfaite comme la source dans un réservoir,

pour s'en échapper avec la vivacité et l'expansion du jet d'eau longtemps comprimé qui laisse jaillir à l'envi ses perles murmurantes et diaphanes. Toujours leur front était pur et serein comme le fond de leur âme, et leur piété était si sincère que non seulement il n'entra jamais dans l'idée de qui que ce soit de la critiquer ou de la tourner en ridicule, mais que les plus étourdis et les moins sages eux-mêmes l'eussent respectée. Ainsi vivaient sous le regard de Dieu ces deux amis semblables à deux roses nourries par la même sève qui se penchent l'une vers l'autre, pour s'entretenir dans un langage mystérieux et s'embaumer de leur parfum.

La philosophie terminée, Jean-Marie voyait enfin s'ouvrir devant lui les portes du grand-séminaire. Mais à ce moment suprême un incident fâcheux, un échec faillit les lui fermer pour toujours et détruire ses

espérances. L'admission dépendait du succès
de l'examen préliminaire que présidait en
personne le Cardinal Archevêque de Lyon,
à l'archevêché. Quand il fut devant le cercle imposant des examinateurs, surpris par
la nouveauté des lieux et du spectacle, et
troublé par sa timidité naturelle, il ne put
trouver un mot pour répondre aux questions qui lui furent adressées. On a vu plus
d'une fois de pareils accidents. Ce ne fut
que dans un entretien particulier que lui
ménagea le vénérable curé d'Ecully, que,
maître enfin de lui, il montra par la préci-
sion, la clarté et la sagesse de ses réponses
qu'il était digne d'être reçu parmi les jeunes
lévites. Sur le bon témoignage qui lui en
fut donné par le supérieur du séminaire et
par un des vicaires-généraux, l'Archevêque
l'admit dans son grand-séminaire, celui de
St-Irénée. 1815.

Quelle ne fut pas son allégresse quand il

franchit ce seuil sacré qui le séparait du
monde et le rapprochait de Dieu. Il en
éprouva comme un extase de bonheur et
ne passa depuis aucun jour sans en rendre
à Dieu de vives actions de grâces.

Il foulait avec amour ce sol dont chaque
atôme est consacré par une prière; il s'abri-
tait avec vénération sous ce toit que les anges protégent de leurs ailes : il habitait avec
humilité cette chambre d'un élu du Seigneur. Mais, au milieu de ces douces émotions, il n'oublia pas de nourrir son âme
par de solides pensées et d'entretenir son
cœur dans des sentimens sérieux. Il évita
de s'abandonner sans frein à ces impressions sensibles qui n'ont souvent qu'une
durée éphémère, et qui sont comme un dernier écueil où viennent échouer les plus nobles courages. On se croit dans le port et
l'on se complaît à respirer cet air pur, ces
brises parfumées qui viennent des *terres*

*heureuses*, sans songer qu'il n'est point ici-
bas de retraite ni de repos assurés. Quand
la main qui prodiguait les consolations se
retire, ou en devient, ce semble, plus avare,
on s'attriste, on se décourage, et au sein
même de l'oasis du Seigneur, on se dégoûte
de la manne céleste, on tourne en arrière
des regards languissants et profanes, et l'on
se prend à regretter *les oignons et la terre
d'Egypte*. Notre jeune lévite, au contraire,
comme Caleb et Josué, resta inébranlable
dans sa résolution et poursuivit sa marche
d'un pas ferme, les yeux toujours fixés
vers la *Terre promise*.

Il considérait le grand-séminaire sous
son véritable aspect, c'est-à-dire, comme
un lieu de travail et de prière. Il savait que
le prêtre doit remplir un jour de trop graves devoirs pour se borner dans ces moments à la vie contemplative. Il travaillait
avec une ardeur infatigable à scruter les

preuves du dogme et de la morale, pour se
préparer à enseigner avec fruit les grandes
vérités de la Religion et les devoirs qu'elle
nous impose; il faisait surtout l'apprentis-
sage de ces vertus solides, qui dans l'homme de bien et en particulier dans le prêtre
sont une éloquence toujours vivante et la
persuasion la plus efficace.

Il ne perdit pas un instant de vue qu'en
se dévouant à ses frères il leur devait un
modèle accompli, non pour un jour, mais
pendant sa vie entière. Aussi dans le saint
asile du grand-séminaire, où nul moyen de
sanctification ne reste ignoré, il parvint en
peu de temps à ce qu'il y a de plus élevé
dans le chemin de la perfection; il édifia
ses condisciples et même ses vénérables
maîtres. Sa conduite fut si exemplaire
qu'on le jugea digne de recevoir dès la première année les quatre ordres mineurs et
dans la même ordination, le sous-diaconat

qui déjà attache à Dieu par un lien indisso-
luble. L'année suivante il reçut le diaconat,
juin 1815, et deux mois après, 9 août, la
prêtrise à Grenoble, à l'âge de 29 ans. Aussitôt M. Balley à qui il devait tout, son instruction et le sacerdoce même, le demanda
pour son vicaire à Ecully où il fut en
effet nommé.

## CHAPITRE VII.

—

## Vicariat.

Le voilà donc au terme de ses désirs, de
ses aspirations les plus vives pendant plus
de quinze années. Il est parvenu au but :
c'est le moment suprême, le point capital de
notre récit.

Nous avons vu en lui le modèle des enfants, des écoliers, des instituteurs, des séminaristes, des aspirants au sacerdoce; nous n'osons dire le modèle des soldats; toutefois pour qu'il n'y ait point ici de lacune, et pour que nulle vertu ne restât étrangère à cette admirable famille, Dieu a voulu que nous puissions offrir comme exemple l'héroïsme du jeune Vianey mort en Russie, la bravoure et la piété de ses cousins si religieux dans un métier si terrible. Quant à Jean-Marie il ne parut que dans les ambulances, et ce fut encore pour y étonner ses rudes camarades par sa patience et sa dévotion. Il eut du reste peu de goût pour cette carrière sanglante, quoique ses austérités proclament assez haut son courage. Mais le plus vaillant soldat n'est-il pas celui qui triomphe de ses passions? Cicéron, le plus fameux des philosophes latins le disait au plus grand capitaine de son temps : *La plus belle des victoires, c'est de se vaincre soi-même*. Et cela est si vrai que, ravi de son dernier triomphe, le plus éclatant de tous, le héros d'une de nos tragédies les plus belles s'écrie avec transport :

Je suis maître de moi comme de l'univers.

Il y a donc une œuvre qui surpasse les exploits du guerrier; on en sera bientôt convaincu, si on ne l'est déjà. Au spectacle de vertus si sublimes, le plus intrépide soldat resterait confondu et reculerait d'étonnement, car pour les pratiquer il faut être plus qu'un héros, il faut être un saint.

Mais au moment d'aborder cette dernière partie de notre sujet, une sorte de crainte s'empare de nous. Ici la scène grandit, la sphère s'étend : nous avons à peindre l'homme dans la carrière la plus élevée qui soit sur la terre; et nous trouvons dans ce prêtre dès son entrée même dans le saint ministère, à l'âge de trente ans, une vie d'abnégation , de dévouement , d'austérités, de sacrifices, si étonnants, un tel renversement de la nature qu'il faudrait avoir pénétré dans son âme et posséder les secrets du ciel pour connaître la vérité dans sa plénitude, et la plume d'un ange pour la retracer.

Toutefois le désir d'être utile et de répondre en quelque sorte à la curiosité générale qui se manifeste nous engage à continuer cette esquisse. Puisse-t-elle contribuer à l'édification publique et respirer un peu ce parfum de vertus que le nom seul du saint curé d'Ars porte avec lui et répand dans l'univers chrétien.

A ce nom la science s'incline, l'incrédulité confondue reste muette; la foi se corrobore; la charité s'anime; la vertu se réjouit et s'humilie; l'Eglise triomphe. Les puissances elles-mêmes semblent l'implorer en jetant vers lui des regards de respect et d'espérance. Chacun s'appuie de sa parole, de son avis ou de son autorité. Il semble devenu l'arbitre des destinées humaines et l'oracle des volontés divines.

Déjà notre siècle, dominé par ses découvertes surprenantes et entraîné fatalement vers le culte de la matière, commence à ressentir l'influence d'une loi plus haute. Un éclair parti du ciel vient lui rappeler les vraies sources du progrès, les vrais principes régénérateurs. A cette dépravation qui fait dérailler l'humanité Dieu oppose un frein sauveur, le modèle éclatant d'une vie austère et sans tache.

Tandis que d'autres en domptant la matière, au lieu de la déclarer l'esclave de l'intelligence, la proclament sa souveraine, ici dans un coin obscur du globe, un pauvre prêtre, presque étranger aux sciences humaines, accomplit une œuvre bien plus éle-

rée et plus utile ; en commandant aux ins-
incts désordonnés de la nature, en maîtri-
sant ses mouvements déréglés, il pénètre
dans les trésors de la science infinie et en
apporte les vraies lois progressives, les lois
morales dans l'exemple de ses vertus.

*Une bonne action en dit plus que tous les
systèmes des philosophes*, a dit l'un des plus
grands écrivains dont la France s'honore.
Or la philosophie en posant les conditions
de la félicité humaine en général comme en
particulier, lui assigne pour base les lois
éternelles, les principes moraux. Comment
se fait-il qu'un esprit aussi élevé que Châ-
teaubriand la mette néanmoins tellement
au-dessous d'un seul acte de vertu? C'est
que trop souvent les préceptes ne sont
qu'une lettre morte ; tandis qu'une bonne
action est un bien moral, une réalisation de
la vérité. La parole même vivante n'inspire
qu'une émotion passagère, au lieu que la

vue du bien porte la conviction au fond de l'âme, pénètre d'un saint enthousiasme, et entraîne les cœurs persuadés. Voilà pourquoi Dieu envoie aux hommes plongés dans la mollesse ces grands exemples de vertu comme l'enseignement le plus efficace et le plus irrésistible.

Telle fut la prédication continuelle du saint prêtre dont nous parlons. Chacun fut frappé d'abord de la gravité de son maintien, des signes de mortification empreints sur toute sa personne. Sa vue seule inspirait de pieuses pensées, comme un prédicateur secret qui prêche dans le fond des cœurs. Il avait déjà parlé quand sa parole toujours brève et sérieuse se faisait entendre, et, comme a dit un illustre écrivain, *son silence même était éloquent.*

Mais ce qui faisait le plus d'impression, c'était la régularité de sa conduite; son exactitude et son empressement à remplir tous les devoirs d'un vrai ministre de Jésus-Christ. Son dévouement et sa charité ne connaissaient pas de bornes. Il donnait tant qu'il ne conservait pas de quoi se vêtir d'une manière convenable dans sa position. Rigide pour lui, il avait pour les autres une douceur angélique, une bonté inaltérable.

Les pauvres surtout étaient l'objet de sa sollicitude. Le sentiment de leurs besoins et de leurs souffrances le remplissait de cette commisération active et ingénieuse qui abonde en ressources, *féconde le désert et fait jaillir les eaux du rocher*. Il leur prodiguait les soins les plus assidus, comme à la portion la plus chère du troupeau de son divin maître; il s'imposait toutes sortes de privations pour adoucir leur misère. Ses promenades, ses sorties, c'était quelque visite dans une de ces cabanes où le pauvre meurt plutôt qu'il ne vit tous les jours.

3

Si le devoir ou la convenance l'appelait chez les riches, il avait toujours quelque pauvre famille, quelque œuvre pie à recommander, quelque bienfait à obtenir, quelque secours à solliciter, tant il savait assigner ou trouver à chacun de ses instants un but utile ou charitable! On ne pouvait rien lui refuser, tant ce prêtre, si réservé dans ses autres entretiens, avait d'éloquence pour plaider la cause des orphelins et des malheureux! Il recevait ainsi d'abondantes aumônes qu'on aimait à verser entre ses mains, dans la persuasion qu'elles seraient deux fois bénies et plus sagement distribuées.

Les affligés avaient aussi une large part à ses consolations. Sans cesse il avait présentes à la mémoire ces paroles du Sauveur : *Il y aura toujours des pauvres parmi vous.* Paroles désespérantes pour les partisans de la perfectibilité infinie : car il y aura toujours pour le moins des âmes désolées, la mort nous en est un sûr garant; et qu'y a-t-il de plus malheureux au monde que ces cœurs brisés par la douleur, par le deuil, les tribulations, les angoisses? Que de victimes de l'abandon, de la perfidie et des revers! Que d'infortunés, comme Agar, pleurent et pleureront longtemps encore dans le désert! Il y a là des misères plus poignantes qu'au milieu du plus extrême dénûment. Voilà l'indigence inévitable que le progrès, quel qu'il soit dans l'avenir, ne parviendra jamais à prévenir ni à éteindre. Il faudra toujours pour la rendre plus légère et plus supportable une puissance plus élevée, c'est-à-dire l'effusion d'un cœur ami, la charité d'une âme compatissante, la parole d'un prêtre qui verse l'eau rafraîchissante sur ce brasier enflammé, l'huile et le baume sur ces blessures saignantes. Et nul n'a ce pouvoir comme l'homme de Dieu, qui vous montre le ciel et vous relève par l'espérance du chrétien. Le saint vicaire

d'Ecully avait un don merveilleux pour
adoucir ces douleurs; un mot de sa bouche, sa présence seule rendait la lumière
et la vie à ces âmes agonisantes, comme
l'ange au vieux Tobie et à la mère déses-
pérée d'Ismaël.

On le voyait souvent aussi au chevet des
malades pour les réconcilier avec Dieu et
les exhorter à la résignation et à la patience.
Fallait-il se lever au milieu de la nuit et
des rigueurs de l'hiver pour aller au loin
administrer un mourant, il interrompait
avec joie son repos et se hâtait de se rendre
où il était appelé. Cet empressement est un
acte de générosité bien méritoire; mais
cette joie tacite qu'il ressentait dans le fond
de son âme, de ravir à la nature ses plus
doux instants pour les consacrer au service du Seigneur, voilà de l'héroïsme.

S'estimant moins que les autres, M. l'abbé

Vianey s'étudiait à ne blesser, à ne rebuter personne. Si sa bouche fulminait parfois contre les pécheurs les menaces des prophètes, il avait pour eux au fond de l'âme une tendre compassion; il employait tous les moyens que lui suggérait son ardente charité pour les ramener dans le bercail du Sauveur; et à son exemple il allait jusque dans le désert chercher avec sollicitude la brebis égarée. En un mot il s'appliquait à rendre en tout sa vie conforme à celle de son divin maître, et l'on pouvait dire aussi de lui *qu'il faisait le bien et ne perdait aucune de ses journées.*

Ses travaux, ses soins et ses exemples ne tardèrent pas de produire leurs fruits. Bientôt la paroisse d'Ecully, déjà si bien cultivée par M. Balley, fut une petite chrétienté modèle où régnaient la foi, la paix et la charité, tandis que les paroisses environnantes étaient encore ou agitées par les

troubles de la révolution, ou travaillées par
l'indifférence. Ainsi se transformait toute
une population sous l'action puissante de
ces deux saints personnages et sous l'influence de leurs vertus cénobitiques. Les
fidèles aimaient Dieu, et étaient unis
entre eux comme leurs pasteurs.

Plein de respect et de déférence pour son
digne curé, son bienfaiteur, M. l'abbé le
chérissait comme un père, et n'oubliait pas
de le consulter dans tout ce qu'il faisait,
pour être sûr qu'il ne cédait pas à un zèle
imprudent ou aveugle. Il se serait com-
damné comme coupable, nous ne disons
pas d'ingratitude, mais surtout de présomp-
tion et d'orgueil, s'il avait négligé, dans les
circonstances de quelque gravité, de s'inspirer de ses lumières, de son savoir et de sa
vieille expérience. Au reste son sens droit
et juste, soutenu des grâces célestes qu'il ne
cessait d'implorer, lui faisait discerner faci-

lement le vrai du faux, le bon du mauvais, en sorte que son curé n'avait guère qu'à ratifier ses propositions.

Deux années entières se passèrent dans une douce tranquillité, car jamais il n'y eut entre eux une ombre de mésintelligence. Le disciple fut toujours tendrement affectionné par l'ancien maître, et le vicaire ne cessa d'avoir pour son curé le respect et l'amour qu'il méritait à tant de titres. Ce précieux accord ne fut rompu que par la mort du vénérable M. Balley qui finit sa vie comme un saint, en laissant pour héritage au jeune prêtre, comme Elie à son disciple Elysée, sa ceinture de pénitence, composée de mailles de fer, et le souvenir des vertus austères d'un chartreux.

Les habitants d'Ecully, qui savaient apprécier leur vicaire, le réclamèrent aussitôt pour pasteur. Mais il se déroba à cet hon-

neur par une invincible résistance, ne se
croyant pas encore assez habile pour diriger
cette cure. Celui qui fut nommé ne partageait pas toutes les idées et les sentiments
de son prédécesseur, et par conséquent du
vicaire, au sujet du système de pénitence
suivi dans la paroisse; il crut devoir pour
le bien général en adoucir un peu l'austérité.
Cette divergence dans les vues amena une
certaine froideur dans les rapports entre le
curé et le vicaire.

M. Vianey ne passa du reste plus que
quelques mois à Écully; une nomination
vint l'appeler, au commencement de 1818, à
la cure d'Ars qui alors faisait partie du
diocèse de Lyon.

On se figure les regrets qu'il laissa et qu'il
dut éprouver en quittant un pays où l'atta-
chaient tant de souvenirs, et qu'il édifiait depuis près de dix-huit ans. Mais nous avons
à citer un fait qui prouve la haute idée qu'il

avait inspirée de ses vertus et de ses lumières : plusieurs de ses pénitentes le suivirent
et s'établirent à Ars, où elles ont fini leurs
jours en odeur de sainteté. Telles jadis ces
pieuses et nobles Romaines qui, pour ne pas
se séparer de leur savant directeur, le grand
saint Jérôme, allèrent chercher auprès de
lui le salut jusque dans la solitude de
Bethléem.

## CHAPITRE VIII.

—

## Travaux du Curé d'Ars.

M. Vianey prit possession de sa cure le 9
février 1818. Ars, comme nous l'avons dit,
est une petite commune du département de
l'Ain, située à 5 kilomètres de la Saône, à

3.

l'intersection de deux grandes routes, celles de Villefranche à Villard en Bresse et de Trévoux à Bourg, à 24 kilomètres au-dessus de Lyon. On y arrive de cette ville en remontant la Saône jusqu'à Trévoux, d'où l'on se dirige sur Sainte-Euphémie, et bientôt l'on touche aux confins du pèlerinage. Ce pays n'offre nulle part les grandes scènes de la nature qui ajoutent tant aux émotions de l'âme. Ici tout est simple : l'aspect du sol à peu près uni, médiocrement boisé, bien cultivé pourtant, ne renferme d'autres sources d'inspiration que les idées et les sentiments, qui se réveillent à la pensée et au nom du saint personnage qui l'habite; tout y parle de lui ; et lui, de Dieu.

Quand il arriva dans cette paroisse, elle était le théâtre d'amusements mondains de toutes sortes, tels que les danses, les *vogues*, les jeux, les divertissements frivoles et tous les plaisirs corrupteurs

qui éloignent de la piété, ou qui perdent
la jeunesse ; d'un coup d'œil il mesura
l'étendue et la gravité du mal , et l'atta-
qua résolument dans tous ses principes.
On le vit en même temps éclairer les
familles sur les dangers et les maux qui ré-
sultent de ces réunions et de ces fêtes; arracher les jeunes gens à la séduction, à l'en-
traînement des plaisirs par la douceur de
ses avis , par l'onction et la sagesse de ses
conseils; et, après avoir porté la persuasion
dans toutes les âmes, ne reculer devant aucun sacrifice pécuniaire pour délivrer sa
paroisse du funeste appât des occasions :
il aborda les entrepreneurs de ces réjouis-
sances profanes, et les décida , en les
payant de ses deniers, à renoncer à cette
pernicieuse industrie. Une tentative bien
plus importante fut également couronnée
du succès : il obtint de même à prix d'argent
la disparition d'une maison qui faisait l'op-
probre et la perte du pays. Cette double
victoire jeta l'ennemi hors des frontières.

Le terrain était conquis, mais couvert de ronces et d'épines. Comme un vaillant ouvrier, il se mit à le défricher, à y semer le bon grain, à préparer la moisson du Seigneur. Ce ne fut pas l'œuvre d'un jour; il trouva bien des obstacles et des peines ; mais nulle résistance ne put rebuter son courage. Celui qui porte une ardente conviction puise dans la pureté de ses vues une indomptable ténacité et un empire irrésistible ; et rien n'est au-dessus de ses forces, quand il sait allier la prudence à l'énergie. Sous cette main ferme et vigilante tout devait changer à la longue et rentrer dans l'ordre ; Ars devint peu à peu ce qu'il est aujourd'hui, le modèle des paroisses. Nulle part on ne pratique la religion avec autant de ferveur et de ponctualité. Ce qu'il y a de plus étonnant c'est qu'il ait pu, tout malade qu'il était d'une fièvre qui l'avait saisi depuis son arrivée, accomplir une œuvre si difficile, sans se donner ni repos ni

trève, comme ces généraux que l'on a
vus parfois se faire transporter en li-
tière au sein de la mêlée, et montrer
*qu'une âme guerrière est toujours maî-*
*tresse du corps qu'elle anime.*

De même, entraîné par son zèle pour
le service et les intérêts de Dieu, il pour-
suivait sa tâche, sans songer à sa santé ;
mais l'autorité veillait sur lui avec sollicitude. Comme on attribuait à l'insalu-
brité du climat la maladie qui avait hâté
les jours de son prédécesseur, mort poi-
trinaire, et que sa santé avait toujours
été faible et délicate, on l'appela dans
un séjour plus sain et plus riant, dans la
belle paroisse de Salles en Beaujolais. Obéis-
sant à la voix de ses supérieurs, il allait
donc quitter ses chers paroissiens qui faisaient tous leurs efforts pour le retenir.
Quand ils virent qu'ils n'avaient plus
rien à attendre de leurs démarches, ils s'a-

dressèrent au ciel, et leurs vœux furent exaucés. De même que jadis la sœur de saint Benoît, voulant obtenir, pour une nuit, les pieux entretiens de son frère, invoqua le ciel, qui envoya à son secours une pluie orageuse et torrentielle; ainsi, deux fois, quand le saint prêtre voulut quitter cette terre bénie, la Saône enflée et courroucée lui refusa passage. A la vue d'un événement qui répondait si bien à leurs désirs, ceux qui l'accompagnaient s'empressèrent de lui dire : *Vous le voyez, Monsieur le Curé, Dieu ne veut pas que vous vous sépariez de nous. — Si c'est la volonté de Dieu*, répondit-il, *autant ici qu'ailleurs*. Forts de cet aveu et profitant des circonstances, ils courent à Lyon solliciter le consentement de l'autorité; ils obtiennent gain de cause; et une décision nouvelle leur rend le bon pasteur. Le bruit s'en répand aussitôt, on s'assemble comme pour un jour de fête, et on le ramène en triomphe dans son presbytère.

Heureusement sa santé s'affermit, et il put reprendre avec plus de vigueur ses travaux de réforme. Mais que d'entraves n'eut-il pas encore à subir! Elles redoublèrent avec le bien qu'il opérait. Cela ne doit pas nous surprendre. Il n'est aucun bien moral ou matériel qui n'ait eu ses détracteurs. Le progrès, quel qu'il soit, fut toujours le prix des souffrances. La médiocrité jalouse et ignorante s'attache à dénigrer tout ce qui surpasse son pouvoir ou son intelligence. L'esprit de routine lui vient en aide ; incapable aussi de discerner ou d'entrevoir ce qu'il peut y avoir de grand et de salutaire dans une aspiration nouvelle, il entache de folie toute idée neuve et progressive. C'est pourquoi la plupart des grands hommes, tant anciens que modernes, sont morts dans la misère ou d'une manière tragique. On n'a couronné que leur tombe. Mais s'il en est ainsi dans l'ordre purement naturel, c'est tout autre chose encore quand il s'agit du bien des âmes ; car aux causes que nous avons signalées s'unissent toutes les puissances du génie du mal. L'enfer, voyant sa proie lui échapper redouble d'efforts et de malice et déchaîne ses phalanges qui, selon le langage de saint Paul, *remplissent les airs, la terre et l'onde.* La vue du bien leur inspire contre nous une si effroyable haine qu'ils réduiraient en poudre l'univers, si Dieu cessait un instant de le soutenir. Il n'est pas de ressorts qu'ils n'inventent pour entraver et perdre le ministre de notre salut. Ils l'assiégent, l'environnent comme une citadelle ; c'est là qu'ils dressent leurs plus formidables batteries, persuadés qu'une fois maîtres de la tour, le reste sera la proie des flammes. Telle fut la tactique de Satan quand il osa porter la main sur le fils de Dieu pour le soumettre, dit saint Paul, *à toutes les tentations*, et quand plus tard il animait d'une aveugle fureur les bourreaux qui le mirent en croix. *Je frapperai*

*le Pasteur et les brebis seront dispersées.* Il
y a en effet *une heure où la puissance des
ténèbres* semble prévaloir. Mais si le Sauveur a passé par toutes les épreuves jusqu'à celle de la mort, est-ce que *le serviteur,
qui est moins que le maître,* doit s'attendre
à être mieux traité? *Tu n'as pas encore
résisté jusqu'au sang*, se disait le saint prêtre. Et puisant dans ces réflexions la force
et la patience dont il avait besoin, il demeu-
rait inébranlable dans la voie où le conduisait l'esprit du Seigneur. En vain le prit-on
pour un fanatique et un fou, il se souve-
nait que Jésus-Christ aussi fut accusé d'être
*possédé du diable* et qu'on le revêtit *du
manteau blanc* qui signifiait la folie. Il laissa
parler et continua à *servir Dieu dans le
travail et les fatigues, dans les veilles et les
jeûnes, dans la prière et la méditation,
dans les persécutions et tous les opprobres.*

Les avertissements, les dénonciations por-

tées à l'autorité, les informations prises par
ses supérieurs, les plus hauts dignitaires de
l'Eglise, ne changèrent rien à sa manière de
voir et d'agir. Il sut concilier les devoirs de
l'obéissance et de la politesse avec ses pratiques de piété, ses habitudes de mortification et son zèle pour le salut des âmes, s'in-
quiétant peu de ce qu'on pouvait dire des
visites fréquentes qu'il recevait des chefs de
l'Eglise, et se reposant sur sa conscience.

Le diocèse de Belley, auquel avait été jointe
la paroisse d'Ars, était alors sous la direction
d'un évêque aussi éminent par ses lumières que par ses vertus. Mgr Devie, d'illustre et sainte mémoire, montra dans ces circonstances délicates une réserve, une prudence et une sagesse dignes d'un prince de
l'Eglise. Il s'instruisit avec soin de ce qui se
passait, alla sur les lieux, examina tout
par lui-même, et, après s'être édifié de l'état
des choses, il attendit encore les effets pour

prononcer son jugement ; et alors même il
ne le laissa transpirer que dans l'intimité
des entretiens particuliers. Mais ce fut pour
rendre un juste hommage à la vérité. Il re-
connaissait *qu'un grand bien s'opérait à
Ars.*

Ce n'est donc pas l'autorité qui a cherché
l'éclat ; nulle propagande n'a été essayée
pour émouvoir les populations. Mais, au milieu du silence des juges naturels de cette
grave question, les faits ont parlé, ont dis-
sipé les doutes, porté la persuasion dans
tous les cœurs, vaincu tous les obstacles et
triomphé de l'enfer.

La réputation du saint, aujourd'hui si
étendue, ne s'est donc établie que peu à peu,
gagnant de proche en proche, selon que le
voisinage des lieux donnait occasion de le
voir, de lui parler ou d'entendre le récit de
ses paroissiens. Il suffisait de l'avoir abordé
pour demeurer convaincu que l'esprit de

Dieu était avec lui. Celui qui avait eu cet
avantage, bien convaincu qu'il venait de vi-
siter un autre Jean-Baptiste, allait raconter
ce qu'il avait vu ou appuyer de son témoignage les bruits déjà répandus, et, par de
nouveaux traits bien authentiques, donner
une confirmation éclatante aux faits déjà
notoires. Enfin ces éclairs semés partout se
sont réunis en faisceau, et son nom brille
maintenant comme un flambeau qui répand la lumière et la consolation dans
l'Eglise de Dieu.

Mais quelle est donc cette vie étonnante,
ces œuvres remarquables qui ont éveillé
sur lui l'attention, et qui ont élevé si haut
sa renommée? Cette vie surprenante, ces
actes inspirés par l'amour de Dieu et du
prochain, nous allons en dérouler la suite
admirable. Dieu veuille que nous ne res-
tions pas trop au-dessous du sujet.

Après avoir délivré, en un tour de main,

sa paroisse de deux fléaux, les deux sources principales des vices qui l'infestaient, il
tourna ses efforts contre les maux inté-
rieurs et contre les passions individuelles.
A mesure qu'il détruisait d'un côté, il orga-
nisait et édifiait de l'autre ; tout cédait, tout
se façonnait sous la puissance de cette main
énergique. Ainsi l'on vit disparaître bien des
désordres tant publics que particuliers, les
scandales, les écarts d'une conduite effré-
née, les excès, les saturnales, les chants,
les combats de la taverne, les procès qui
ruinent les familles, l'égoïsme et les injusti-
ces qui engendrent les haines implacables.
A ces dérèglements succédèrent peu à peu
l'esprit de concorde qui doit régner entre des
frères, l'amour de la justice, la charité évan-
gélique, la tranquillité générale, les douceurs, les joies du foyer, la piété la plus
franche et la plus sincère. Ces conquêtes furent le fruit d'une patience et d'une activité
à toute épreuve, et n'eurent lieu que succes-

sivement. Le terrain ne fut défriché, creusé
et fécondé que pas à pas; il fut arrosé d'abondantes sueurs. Il fallut un bien rude labeur
pour venir à bout de cette entreprise; tant
les vices avaient poussé dans ce sol de pro-
fondes racines; et tant l'indifférence, suite
naturelle des troubles, des orages et des
grandes émotions, avait refroidi les cœurs
et tari la source des sentiments religieux.
Le saint pasteur mit en œuvre tous les
moyens que lui suggéraient sa prudence,
son zèle et sa charité d'apôtre. Quand
il vit que ses exhortations les plus cha-
leureuses, les accents les plus pathétiques
de son cœur, les marques les plus touchantes d'intérêt et la sollicitude la plus
vive ne parvenaient à gagner les âmes, pour
ainsi dire, qu'une à une, il appela à son secours ses confrères des environs; il fit donner des espèces de missions ou de retraites
qui duraient plus ou moins selon l'oppor-
tunité des circonstances, et où les exercices

étaient disposés de manière à ne pas entraver les travaux de la campagne. Une persévérance si opiniâtre, une guerre si incessante, tant de coups portés sans relâche finirent par triompher des obstacles et de la résistance. Les plus indifférents, les plus endurcis eux-mêmes furent ébranlés par tant de dévouement et de générosité, touchés d'une vie si sainte et vaincus par la grâce. Enfin il y eut un jour où le pasteur et le troupeau ne firent plus *qu'un cœur et qu'une âme*, un jour à jamais mémorable où, dans un élan unanime d'enthousiasme sacré, ils dédièrent à Marie un cœur d'or contenant tous leurs noms, et se vouèrent tous ensemble, dans une consécration générale, à la Vierge Immaculée. Ce précieux monument est resté suspendu devant l'image de la Reine des cieux qui tint dès lors pour toujours, sur son cœur, le cœur de tous les habitants de cet heureux pays.

Telle fut la récompense douce et méritée

de dix-huit ans de travaux et de fatigues,
le fruit de ces prières et de ces larmes ré-
pandues devant l'autel du Seigneur, le matin quand tous goûtaient encore les douceurs du sommeil, et le soir lorsque, dans
un berceau de feuillage solitaire de la forêt,
il adressait au ciel des vœux si touchants
pour la conversion des pécheurs. Ainsi
il ouvrit sur son troupeau les sources de la
grâce divine ; ainsi le ciel féconda ses travaux, ses jeûnes et les mortifications de ces
journées laborieuses où, après avoir passé
toutes ses heures dans de saints exercices, il
rentrait chez lui harassé de peine, ne pre-
nant, pour toute nourriture, qu'un peu de
pain noir et sec acheté à la besace des pauvres, et quelques pommes de terre froides
tirées d'un panier, qui contenait la provi-
sion prête pour toute la semaine; et, pour
boisson, un verre d'eau.

Qu'on admire tant qu'on voudra les conquérants, leurs exploits et leur gloire, pour nous, ô saint prêtre, nous trouvons dans votre vie un héroïsme qui touche bien plus profondément notre cœur.

Pendant que cet heureux changement s'accomplissait au fond des âmes, il s'en opérait au dehors un autre qui en est la suite naturelle, nous voulons parler du culte extérieur. L'église était réparée, agrandie et pourvue d'abord de ce qui est nécessairement convenable à la célébration des saints mystères, puis décorée de tout ce qui peut ajouter à la pompe des grandes solennités. Le pasteur généreux donna lui-même l'exemple en achetant de sa bourse les deux belles cloches que possède la paroisse; et chacun, entraîné par ce dévouement, voulut contribuer à l'embellissement du temple et du service de Dieu. Il y eut un tel empressement chez tout le monde, et telle fut la munificence de quelques notabilités pieuses,

entre autres de M<sup>lle</sup> d'Ars, qui à elle seule
dépensa au moins 40,000 fr. que la richesse,
la variété et l'abondance succédèrent au
triste aspect du délabrement et de la pénu-
rie. Ainsi dans cette église, à peu près nue
auparavant, on vit briller l'or, l'argent, le lin
et la pourpre, deux bannières superbes, des
ornements variés de toute espèce, un dais
magnifique, des broderies pour l'autel, un
ostensoir resplendissant, une grande et
belle statue dorée de la Sainte Vierge.

Ce n'est pas tout : les fondations de bienfaisance publique, de charité, de piété
jaillissaient sous la main généreuse du
saint pasteur. Là encore il fut le premier à
donner l'exemple. Il sacrifia son patrimoine
de vingt mille francs pour acheter le terrain
et poser la base d'un établissement de refuge
bien justement appelé *la Providence :* car
ce fut un asile ouvert à toutes les jeunes
filles pauvres de la paroisse et des pays voi-

sins, le recours des nécessiteux dans les
jours de détresse, et un lieu où la bonté paternelle de Dieu se plut à renouveler le miracle de la permanence des provisions chez
la veuve de Sarepta et de la multiplication
des pains dans le désert. Un pays entier le
proclame.

L'institution si admirable de la Providence rendit pendant trente années les
plus éminents services. Si elle n'a pas sub-
sisté, c'est que Dieu réserve à ses saints de
douloureux sacrifices au milieu de leurs
œuvres les plus belles. Un de nos maîtres les plus chéris nous en a dit le secret :
obligé lui-même par obéissance, après qua-
rante ans d'enseignement, de quitter un
séjour où chaque pas rappelle une de ses
créations, il ne prononça que ces paroles
touchantes : *Je sens que Dieu commence
à me détacher de ce monde.* Le bien
même peut donc être parfois une entrave à

notre salut, ou du moins à notre perfection. Mais combien le cœur du vénérable
vieillard dut souffrir, lorsqu'on mit à la
porte ses pauvres et chers enfants, et qu'il
vit ces nouveaux Ismaëls prendre le chemin du désert !

Toutefois le local de ce magnifique
établissement n'a changé qu'à moitié de
destination ; il est maintenant affecté à
l'école des filles confiée aux religieuses de
Saint-Joseph. Celle des garçons, dirigée
par les Frères de la Sainte-Famille, et mise
aussi sur un excellent pied, est encore
l'œuvre du pasteur infatigable. Ces deux
fondations ont dû coûter au moins cent
mille francs. Ajoutez à cette somme les
dépenses faites pour cinquante autres établies ailleurs, les dons particuliers, les aumônes incessantes du prêtre charitable,
vous vous demanderez avec étonnement :
*Où donc le curé d'Ars prend-il tant de*

*ressources ? A-t-il trouvé la pierre philo-sophale ?* — Sans doute , et il possède en outre deux mines inépuisables. Sa charité, voilà son talisman ; son cœur et celui de ceux qui l'entendent, voilà son mont Pan-gée et sa Californie.

## CHAPITRE IX.

—

### Charité du Curé d'Ars.

Rien ne lui coûte lorsqu'il s'agit d'une bonne œuvre ; pour donner il épargne comme un Harpagon, et donne comme s'il avait les trésors de Crésus ; il se dépouille de tout, se réservant à peine *une tunique*. Cette compassion qu'il avait pour les pauvres dans son enfance, est devenue un

feu brûlant qui l'embrase. Ainsi pendant
son vicariat à Ecully, l'unique soutane
qu'il avait s'en allait en pièces, sans qu'il
songeât à la remplacer, ou du moins sans
qu'il eût pu mettre à part la somme néces-
saire ; car l'argent destiné à cet achat se
fondait toujours en aumônes. Enfin un
jour il remet 40 francs au marguillier, son
pourvoyeur. A peine il sortait de sa de-
meure qu'une femme respectable, réduite
à la détresse, vient lui demander un service. Il rentre aussitôt retire la somme et
la donne sans rien dire. Le temps seul a dé-
voilé cette belle action. Force fut donc à la
soutane de durer encore. Il en fut de même
pour sa culotte dans une autre circons-
tance. Ses confrères, s'étant aperçus à la
mission de Trévoux, en 1823, qu'elle était
par trop mûre, lui en firent cadeau d'une,
à frais communs, un samedi soir. Le lendemain, à son retour d'Ars, ayant découvert
qu'il ne l'avait pas, ils lui reprochèrent de

ne pas faire honneur à la culotte de ve-
lours. Il se contenta de leur répondre en
souriant : *Je l'ai prêtée, hier au soir, à
fonds perdu à un pauvre que j'ai rencontré
sur les Bruyères.* En effet, trouvant sur son
chemin, à l'écart, un pauvre homme transi
de froid et couvert seulement de quelques
misérables haillons en lambeaux, le nouveau saint Martin, n'ayant rien de mieux à
lui offrir, lui avait cédé la culotte neuve.

Ces traits suffisent pour nous instruire et
pour juger de sa charité. On pourrait en citer des milliers, si sa main droite ne laissait
ignorer à la gauche le secret de ses aumônes, et ne se dérobait dans un religieux
mystère pour faire le bien.

Quelquefois ses bienfaits prennent les
proportions d'une libéralité princière. Il est
vrai qu'il n'est alors que le dispensateur
des largesses d'autrui. Mais toujours sont-
elles dues à l'influence de ses vertus. Il y a

quelques années, un prêtre du diocèse de Valence lui ayant fait part d'une fondation utile qu'il avait commencée, et pour laquelle il lui manquait six mille francs, eut la surprise de les trouver chez lui, à son retour, avec un calice et un ciboire que le saint lui avait expédiés en même temps. Les six mille francs provenaient de la générosité d'une dame de Lyon, que Dieu lui avait envoyée inopinément pour cette bonne œuvre. Une autre fois, il a donné pour l'achèvement d'une église dix mille francs, qui lui furent remis pendant une neuvaine.

Mais combien de loyers paye-t-il; combien soulage, nourrit-il de familles dans l'indigence. Il donne à pleines mains. Dieu seul connaît les œuvres, les prodiges de son intarissable charité. Ses pauvres sont toujours dans son cœur. *De l'argent pour mes pauvres, voilà ce qu'il me fallait*, dit-il, quand on lui présenta la décoration que

l'empereur lui avait décernée. En atten-
dant mieux il vendit la croix pour en consacrer le montant à soulager quelque misère.
Il en fit autant du camail dont l'avait honoré
Mgr Chalandon, alors évêque de Belley.

## CHAPITRE X.

—

## Humilité du Curé d'Ars.

Mais l'excès de sa charité parviendra-t-il
du moins à lui inspirer quelque mouvement d'amour-propre? car rien n'est si doux
que la pensée ou le souvenir d'une bonne
œuvre; cette admiration que nous avons na-
turellement pour les belles actions se replie
alors sur nous-mêmes, et se fait un aliment
délicieux d'une générosité digne d'être louée

par les autres ; on éprouve un vrai charme à se trouver, à se voir tel qu'on se désire ; on se contemple avec un secret ravissement, et l'on écoute avec suavité les accents flatteurs de cette voix intérieure qui nous murmure nos louanges. Telle personne se croit raisonnable et ressent un plaisir extrême à parler des poux dont elle a déchargé un malheureux rachitique. *En vérité, elle a reçu sa récompense*, dit le Sauveur. Le saint curé d'Ars, loin de s'arrêter à ces mouvements d'orgueil, loin de se complaire dans ses bonnes œuvres, après avoir tout donné, tout sacrifié jusqu'à la dernière obole, *se répute le dernier de tous, se juge un serviteur inutile et se méprise lui-même.* Il est si pénétré de son néant et de son indignité, que quelqu'un lui parlant un jour de ses vertus, il répondit soudain : *Moi! je suis une charogne.* Expression indigne et grossière, dira-t-on ; peu importe, pourvu qu'elle nous inspire à nous-mêmes le senti-

ment de notre valeur, et qu'elle nous sauve;
du reste, il est bien d'autres saints, aujour-
d'hui couronnés de la gloire, qui en ont em-
ployé pour eux d'équivalentes ou de semblables. Toutefois n'allons pas croire que
la trivialité soit le caractère de son langage.
Voici la même pensée en termes nobles et
relevés : l'éloquent dominicain que notre
chaire pleure et réclame, étant venu le visi-
ter et lui ayant adressé du haut de la tribune
sacrée quelques éloges, à la fin de son discours, l'humble curé prit aussitôt la parole
pour dire aux nombreux assistants : *Vous
voyez aujourd'hui devant vous les deux ex-
trémités des choses d'ici-bas : d'un côté l'é-
loquence et la vertu; de l'autre l'ignorance
et la faiblesse.* Il croyait avoir guéri le mal
tandis que l'auditoire admirait de part et
d'autre la vertu et l'éloquence, la grandeur
et l'humilité, et que chacun était touché de
voir en présence ces deux gloires de l'Eglise.

Tels sont les sentiments intimes de ce saint prêtre, de cet homme généreux, de celui qui est dépositaire de la puissance céleste, qui guérit les maladies incurables, et lit dans le secret des âmes et les ombres de l'avenir. Il n'est à ses yeux qu'un indigne pécheur et se traite comme un scélérat. Au lieu de rechercher ce bien-être qui fait notre ambition et le contentement de ces désirs qui nous assiégent, de ces passions qui nous asservissent, il a réprimé d'abord ses inclinations mauvaises; et dès qu'à force de vertu, de mortifications et de prières, il a pu commander en vainqueur à ses penchants désordonnés, à ses sens assujettis, il n'a cessé de macérer sa chair et de livrer une lutte acharnée aux exigences les plus légitimes de la nature. Il sait ce qu'il a coûté, aussi bien que les autres, à Jésus-Christ, et combien le crucifient encore tous les jours; c'est pour cela qu'il exerce sur lui sa justice ou sa vengeance par de continuelles représail-

les, afin de fléchir le courroux céleste et
d'obtenir son salut et celui de ses frères.
Aussi voyez quelle existence est la sienne.

## CHAPITRE XI.

—

## Journée du Curé d'Ars.

Il se lève au milieu de la nuit, va prier,
gémir et verser des larmes au pied de l'autel, implorant grâce et pardon pour lui et
pour les pécheurs. Après avoir répandu son
âme devant le Seigneur, il commence ses
pieux et rudes travaux. A sept heures, il
cesse de confesser pour dire la messe, respire quelques instants en bénissant les ob-
jets qu'on lui présente, répond à ceux qui

4

l'interrogent; puis, sans avoir pris aucun aliment, il continue au confessionnal son pénible labeur, qui n'est interrompu, jusqu'à midi, que par une instruction. Entre midi et une heure, il déjeûne d'une tasse de lait avec quelques grammes de pain. Ensuite il donne audience à ceux qui désirent lui parler. A deux heures il rentre à l'église et reprend les exercices du matin, alternant entre le confessionnal et la chaire. Il ne se retire qu'à neuf heures. Son dîner ou souper, comme on voudra, s'il ne l'oublie pas, consiste en deux ou trois pommes de terre, avec un verre d'eau. A partir de ce moment, faute de témoin, on ignore ce qu'il fait jusqu'à son arrivée, le matin, à l'église. On ne sait quand il se couche ; mais quelques aveux échappés de sa bouche nous apprennent qu'il ne reste au lit qu'une heure ou deux au plus, et souvent même qu'une demie ; encore quel lit, grand Dieu ! probablement une grosse pierre creuse que l'on voit

dans la cure. Et malgré cela *il galopperait
de vigueur*, dit-il, *s'il dormait seulement
trois heures;* mais il n'en a pas le temps, ou
bien il s'impose cette effrayante mortification; car son genre de vie n'est pas moins
austère à l'époque où n'affluent pas les pé-
lerins.

Voilà donc un homme qui a dompté la
faim, la soif, la fatigue, le sommeil, en un
mot la nature humaine. Quelle vie incompréhensible! quelle âme détachée de la terre
et toujours occupée de Dieu! En vain le travail de la journée est-il écrasant; elle fait
rejaillir sur le corps cette ardeur dont elle
est animée; son délassement, c'est la prière.
L'heure de manger arrive; elle oublie la
nourriture corporelle et *en trouve une plus
suave dans la douceur de la méditation.* La
nuit du moins, ce corps accablé, ces organes débiles rétabliront leurs forces dans le
sein du repos! Non, c'est l'heure spéciale du

ciel, l'heure sans doute d'un mystère impénétrable où cette âme va se retremper aux vraies sources de la vie, puisant dans cette communication avec la puissance divine pour elle et pour son corps une force surnaturelle. Etrange, incompréhensible existence ! cet homme vit dans des conditions où les autres verraient bientôt leurs jours s'abréger ; il a passé ainsi l'âge mûr et la vieillesse dont il atteint déjà les dernières limites. — La chose est incroyable, dira-t-on. — Oui certes, et cependant elle existe, c'est un fait constaté, établi, confirmé par les plus véridiques témoignages, et dont on peut acquérir par soi-même la certitude. — Alors comment se l'expliquer ? — Comme nous, comme tous ceux qui le voient, par un miracle permanent qui reste là comme un défi invincible pour tous les incrédules. Dieu dans sa miséricorde l'a placé et le soutient parmi nous pour nous convaincre et nous toucher ; il l'a envoyé dans ce monde pour nous prouver *que l'homme ne vit pas* seulement de pain ; qu'il y a dans le monde invisible, selon le langage du poète allemand, *plus de mystères que jamais n'en pourra comprendre la science des hommes*, et, comme dit Bossuet, *que les lois de la nature cèdent, quand il lui plaît, à celles de la grâce.*

Mais si sa vie se prolonge ainsi contre toute prévision humaine et par un vrai miracle, c'est qu'il vit aussi intérieurement contre tout l'ordre de la nature. *La nature*, dit le pieux auteur de l'Imitation, *se plaît à la ruse, à la tromperie, au gain perfide; elle cède à l'emportement; poursuit les honneurs, l'éclat, la jouissance, la délectation de sens, et se recherche comme fin en toutes choses.* Le saint a vaincu ces penchants : son âme est la candeur même; son œil, le miroir de la vérité; son cœur, le temple de la sincérité; sa voix, l'écho de la droiture. Il s'est fait le serviteur de tous et dispense

tout aux pauvres; se condamne aux plus
extrêmes rigueurs de la mortification; est
parvenu aux plus sublimes degrés de la patience; est descendu aux derniers abîmes de
l'humilité, n'ayant en vue que le service et
la gloire de Dieu; en sorte que celui qui
passerait une seule de ses journées serait
déjà un grand saint.

## CHAPITRE XII.

## Tentations et Pénitence.

Voilà sans doute une bien haute perfection, un modèle difficile à imiter; oui difficile, mais non pas impossible. Ecoutons
Pascal sur cette question : *Elie était un*

*homme comme nous*, *dit l'apôtre saint Jac-*
*ques*, *pour désabuser les chrétiens de cette*
*fausse idée qui nous fait rejeter l'exemple*
*des saints comme disproportionné à nos*
*forces. C'étaient des saints*, *disons-nous*, *ce*
*n'est pas comme nous.* Il y a en effet
entre eux et nous une notable différence,
non dans la nature et la condition, mais
dans le courage et la volonté; c'est la
différence qui se trouve dans une armée
entre les héros et les lâches. *Qui* plus
que saint Paul *est brûlé de tous les feux*
*de la concupiscence?* Et cependant qui a fait
tant *de travaux*, affronté tant de fois *la pri-*
*son*, *les verges*, *la mort*, *les naufrages*, *les*
*dangers sur terre et sur mer*, *les brigands*,
*les païens*, *la trahison des faux frères*, *la*
*faim*, *la soif*, *les jeûnes*, *le froid*, *la nudité*
au milieu de tant de *sollicitudes. Souffrir ou*
*mourir*, voilà le cri des saints; car ils savent
qu'on ne se détache de la terre et que l'on
ne s'élève vers le ciel, qu'en gravissant le

Calvaire et en s'attachant au *divin pendu*.
Ce n'est pas la sensibilité qui en eux s'é-
mousse; on sait qu'ordinairement elle redouble avec les privations et les souffrances;
mais ils ont pénétré le secret de la rédemp-
tion; et leur âme, qui a soif du salut, *se
fait violence* et brave toutes les fatigues
pour *ravir le royaume des cieux*. Ils souf-
frent autant que nous dans les mêmes circonstances; mais l'énergie de leur volonté
leur fait embrasser avec amour ces peines
et ces travaux qui rebutent notre mollesse.

Croit-on que le curé d'Ars soit devenu
en un jour ce qu'il est; qu'il n'ait pas eu à
combattre long-temps contre la faim pour
parvenir à se retrancher les deux repas
principaux, de manière à vivre pour 15 à
20 centimes par jour? Croit-on qu'il n'ait
pas lutté héroïquement contre les assauts
du sommeil, pour s'accoutumer à ne dormir
que demi-heure ou deux heures au plus?

Irait-on s'imaginer qu'il a été plus favorisé que saint Paul, qu'il fut toujours, ou bien qu'il est enfin, vu son âge, à l'abri des tentations? On se tromperait grandement, car, aussi bien qu'Elie, c'est un homme comme nous, sujet aux mêmes besoins, et aux mêmes passions. Il lui a donc fallu des efforts surhumains, un courage magnanime pour forcer la nature. Il a beaucoup souffert durant toute sa vie et n'a cessé de martyriser son corps, veillant et priant pour ne pas entrer en tentation, car *l'ennemi rôde* aussi *autour de lui, comme un lion rugissant, pour le dévorer. L'hiver il est glacé, dit-il, de la tête aux pieds; et, l'été, dévoré par la vermine;* à ces mortifications, il ajoute un travail qui étonne, cette vie écrasante de confessionnal, des macérations secrètes, un jeûne incomparable dans sa rigueur et qui dure autant que l'année, et une oraison continuelle; et néanmoins il est tourmenté du démon qui *cherche à lui*

4.

*faire beaucoup de mal*, et qui, même après toutes ses fatigues, l'empêche de dormir. Il faut qu'il soit sans cesse en garde contre les ruses et les attaques de *maître Grappin*, c'est le nom qu'il lui donne. Aussi il a une si faible idée des mérites de son apostolat, qu'il tremble encore pour son salut, et que, depuis vingt-cinq ans, il demande à se faire trappiste ou chartreux, comme si la vie de ces pieux cénobites, avec toutes ses austérités, n'était pas encore dix fois plus facile et plus douce que la sienne.

Un jour, c'était en 1854, on le vit prendre son chapeau, contre sa coutume, et son bréviaire ; on lui demanda où il allait. *J'ai assez travaillé, dit-il, au salut des autres, il est temps que je m'occupe du mien.* Et il partit pour la Chartreuse. En vain son vicaire attristé et les Frères tout en larmes se prosternèrent sur son chemin pour lui barrer le passage ; sa résolution paraissait inébranlable. Mais ses paroissiens, avertis par le tocsin, accoururent et fermèrent toutes les issues. Vaincu par leur affection et leurs larmes, il consentit à rentrer au presbytère qu'il n'a plus quitté depuis cette époque.

Il se sent donc bien imparfait, et pourtant quelle perfection ! Il sait qu'en lui la source du mal n'est pas tarie et que sa chair peut servir au péché comme la nôtre. C'est pourquoi il la châtie et la dompte ; et non content des privations qu'il s'impose, des labeurs écrasants de son ministère, des macérations qu'il exerce sur lui par le cilice et la discipline, il voudrait aller se plonger au fond de la solitude pour y assouvir cette soif de la pénitence, pour triompher, par la violence, des infirmités de la nature, et revêtir de la force de Jésus-Christ cette faiblesse humaine dont la pensée lui fait peur.

On a découvert plus d'une fois des traces

de sang dans son linge, et un oubli de sa part a permis de voir aussi sa discipline en-sanglantée.

*Si vous ne faites pénitence, dit le Seigneur, vous périrez tous.* L'arrêt est prononcé par celui qui nous connaît à fond. Les saints en comprennent la justice ; ils accomplis-sent le précepte avec une ponctualité qui nous effraie. Ce qui nous prouve deux cho-ses : la première, qu'ils se sentent sujets au mal, comme nous le sommes ; la seconde, que la différence entre eux et nous est toute dans la volonté.

*De quelque superbe distinction que se flat-tent les hommes,* dit Bossuet, *ils ont tous la même origine et cette origine est petite.* La naissance étant la même pour tous, le point de départ est le même pour tous les hommes. Nous avons tous à franchir les mêmes obstacles. Seulement, dès que nous touchons au seuil de la vie humaine, deux voies opposées s'ouvrent devant nos pas : l'une conduit au salut; l'autre, à la perdition. Quelques héros, les saints, choisissent l'âpre sentier qui mène au ciel. La foule entre dans la voie large et facile qui aboutit à l'abîme.

Les saints s'élèvent, tandis que nous rampons. Sur les ailes de la grâce qu'ils implorent, ils montent vers les sphères célestes, pour converser avec les anges, pour contempler la vérité au sein de l'éternelle lumière et puiser la vertu à la source intarissable du bien. — Et nous plongés dans la nuit de ce monde, nous éloignons de nos yeux le flambeau de la foi, et nous poursuivons dans l'ombre des images trompeuses et fugitives, qui nous promettent vainement le bonheur ici-bas.

Quand ils passent des contemplations divines aux misères de l'humanité, leur âme gémit; leurs yeux se remplissent de larmes; ils en versent des torrents, comme fait le curé d'Ars; et ils supplient le Seigneur de rompre les liens de leur captivité et de les arracher pour jamais à ce misérable et périlleux séjour. — Cependant livrés à nos passions, nous n'avons plus un regard pour le ciel, notre œil s'égare de ténèbres en ténèbres; nous marchons au hasard, sans règle et sans frein, sourds à la voix du remords qui se perd dans l'indifférence.

Malgré leurs vertus, ils n'oublient pas un instant que leur chair est une chair de péché; que l'homme trempé même dans les fleuves de la grâce ne devient pas pour cela invulnérable; et *qu'il n'y a aucun bien, si élevé qu'il soit, dans l'ordre de la grâce aussi bien que de la nature, que nous ne puissions perdre aussitôt, par l'inconstance de notre volonté.* C'est pourquoi *ils veillent et prient*, ils se châtient et se macèrent; ils

amortissent le feu du sang par les jeûnes et
les flagellations ; ils ne cessent d'appeler à
leur secours la sagesse et la force du Tout-
Puissant et de lui demander la persévérance. — Partis du même point, dans quel
état sommes-nous ! De quel abîme nous
sommes séparés de ces saints personnages !
**Nous allons de chute en chute, et** *buvons*
*le péché comme l'eau.* L'instinct du bien
s'efface de notre cœur ; nous nous faisons
une morale au gré de nos aveugles penchants ; le bien et le mal, nous les met-
tons sur la même ligne ; et la vertu, que
nous n'avons plus le courage de pratiquer,
devient l'objet de notre mépris. C'est le
comble de l'égarement et de l'impiété. *Im-*
*pius, cùm in profundum venerit, contemnit.*

Enfin si couronnant les dons de sa main
libérale, Dieu leur accorde parfois l'insigne
privilége de l'impeccabilité, ignorant sans
doute la faveur suprême qui leur est dé-

partie, et *ne sachant s'ils sont dignes d'a-
mour ou de haine*, ils ne cessent de tendre
les bras vers sa miséricorde, d'aspirer à
ses vertus et de nous appeler par les plus
sublimes exemples dans la voie du repentir
et du salut. — Heureux si nos yeux ne se
sont pas éteints dans la nuit fatale de l'erreur, et si, dans l'abîme de mensonge et de
folie où nous sommes descendus, nous
pouvons les ouvrir encore au spectacle
nouveau de la lumière divine qui rayonne
sur le front de ces hommes du ciel.

## CHAPITRE XIII.

### Influence morale du Curé d'Ars.

Il est de ces temps malheureux où
l'homme paraît frappé d'un aveuglement
incurable. Courbé vers la terre, il ne sau-

rait en détacher son regard ; il y a fixé tout son amour ; il y enferme sa pensée, sa destinée, sa fin. Esclave de l'instinct pervers, son esprit flotte au gré d'une morale sensuélle, et son cœur dépravé devient incapable d'un noble sentiment. Jouir, telle est sa devise. Au comble de l'avilissement, il se fait un jeu des lois divines et humaines ; il n'y a plus rien pour lui de sacré. La corruption, portée dans les masses par l'exemple d'en haut, atteint rapidement les générations nouvelles, et tarit la générosité dans sa source. *Le pain, le plaisir et l'or*, voilà désormais *la Trinité* de ce peuple abruti.

C'est là, on ne peut le nier, le caractère de notre temps. Malgré les progrès merveilleux de la science, l'état moral a décliné. Il suffit de jeter les yeux sur les questions qui s'agitent, sur les intérêts qui nous passionnent, pour voir que la société est à de-

4...

mi-paralysée, et qu'elle se dissout dans le
matérialisme. Rien ne l'émeut que la spé-
culation, elle a perdu la mémoire du passé,
le souvenir des grandes choses. Le culte de
l'or absorbe les intelligences.

Où trouver un remède à ces maux? Dans
la situation critique et déplorable où nous
sommes, qui rappellera à l'homme ses devoirs, sa grandeur, sa dignité?—Une vertu
héroïque, un de ces exemples mémorables
qui apparaissent de loin en loin, comme
ces astres inattendus dont les traînées lumi-
neuses étonnent le monde.

Quand il n'est plus possible de faire vi-
brer le cœur humain au nom des grands
principes, qu'il a répudiés, un saint vient
nous dire au nom du ciel, comme une loi
vivante : *O hommes, voici les limites de votre pouvoir, souvenez-vous de votre destinée
et de votre fin; là se trouve, malgré vos*

*chutes, le secret de votre réhabilitation.*
**Faites ceci et vous vivrez.**

**Dès** les premiers jours de sa vie; il nous
tient ce langage salutaire. Un faible enfant,
né aussi de la femme, nous montre le but;
il s'avance et ne s'arrête plus dans cette
**carrière,** *grandissant en âge et en sagesse*
*devant Dieu et devant les hommes.* Plus
tard il travaille aux champs, aux études, il
surmonte mille obstacles par la persévérance de sa volonté; il lutte contre l'épreuve
sans cesser de bénir la Providence et d'es-
pérer en sa bonté. Déjà il s'est formé aux
rudes exercices de la vie chrétienne, qu'il
envisage sous sa vraie face, c'est-à-dire
comme un combat contre soi-même, contre
le monde et contre l'enfer. Armé de la piété,
de la mortification et de la prière, il triomphe de ces trois puissances redoutables, le
plus souvent liguées contre le guerrier de
Jésus-Christ. Chaque jour la bataille recom-

mence, et chaque jour signale une victoire.
Quand il s'est assez exercé à vaincre, Dieu
l'élève, et nous le donne dans une position
plus éminente. Le voyez-vous à la tête de sa
petite troupe, ce vaillant officier qui ne se
ménage point, et qui inspire à tous le courage et le dévouement par l'exemple de l'abnégation et de l'héroïsme. Aucune barrière
ne l'effraie, rien n'est au-dessus de sa bravoure. Tout fléchit, tout cède sous sa main
vigoureuse et puissante. Déjà sa renommée
s'est répandue, et son action s'étend au dehors. On veut le voir ; et quand on a eu cet
avantage, on publie que le bruit de son
nom est au-dessous de ses œuvres. Imagi-
nez toutes les qualités les plus aimables et
les plus éminentes, l'innocence, la soumission et la tendresse chez l'enfant; la pureté,
l'activité et la modestie chez le jeune homme;
le savoir, le travail, la prudence dans
l'homme fait; l'énergie, la sagesse, la dignité
dans le vieillard; l'austérité, le dévouement,

et la sollicitude active et vigilante chez le bon pasteur ; vous les trouverez réunies à un suprême degré dans ce ministre du Seigneur. Sa charité, sa douceur, sa patience son humilité, sa piété incomparable, ses étonnantes vertus, sa vie incompréhensible ont pénétré les masses d'un saint respect, et produit dans tous les cœurs des impressions ineffaçables. C'est le triomphe légitime de la perfection sur l'imperfection, de la vérité sur l'erreur, de la vertu sur l'égarement, de l'esprit sur la matière, du ciel sur la terre.

On vient voir cet homme de Dieu et puiser les principes d'une vie nouvelle sous la salutaire influence de ses vertus angéliques. Il est impossible de décrire tout l'effet qu'exerce au fond des âmes la vue de cet homme extraordinaire. Là on épure son cœur; là on perd le goût du monde; là on détache ses désirs de la terre pour les transporter au ciel; on se sent pris d'un **heureux tremblement sur ses fautes** en **présence de cet illustre martyr de la pénitence.**

**Parlerons-nous** des enseignements que ses instructions, ses avis ou ses conseils, dans la chaire ou au confessionnal, ajoutent à cette prédication extérieure qui parle si éloquemment au cœur des populations? Sans doute il excelle à éclairer par la force de la dialectique; à plaire par la variété de ses connaissances; à émouvoir par les larmes qui baignent son visage; à entraîner les âmes par ses accents pathétiques, en exposant dans un langage fécond et varié les grandes vérités du salut; à faire trembler les pécheurs sous l'énergie et la véhémence de ses apostrophes, en leur rappelant la sévérité redoutable des jugements de Dieu. La science, l'inspiration, le ton, le geste, le regard, tout révèle en lui les vraies qualités de l'orateur; tout contribue à l'efficacité du discours. Mais c'est encore l'homme vertueux qui donne tant de puissance à cette parole; c'est lui qui passe tout entier dans ces accents que l'on n'oublie plus; c'est ce visage vénérable, ce corps macéré qu'on a toujours devant les yeux; c'est l'ange instruit des secrets du ciel qui reste présent dans ces avertissements inspirés; c'est son image ineffaçable qui rend à jamais sa parole vivante dans la mémoire des auditeurs. Ce sont ses étonnantes vertus qui impriment à son discours un caractère inconnu à toute éloquence.

En les proposant aujourd'hui à l'imitation de tous, nous sommes bien loin, malgré notre désir, d'en avoir tracé un tableau achevé et parfait; car il n'est pas donné à la langue humaine de célébrer dignement les vertus des anges. D'ailleurs, en vrai disciple *du Dieu caché*, il met un grand soin à les voiler aux yeux des hommes; et autant nous aimons à faire parade de nos avantages, et nous nous appliquons à dissimuler nos défauts, autant il s'étudie à ne laisser paraître que ce qu'il ne peut dérober à notre connaissance. Si nous pouvions comprendre toute la perfection de cette âme bienheureuse; s'il nous était permis de la contempler de nos regards mortels, de voir les liens qui l'unissent à Dieu et lui communiquent quelque chose de la gloire et de la puissance célestes, nous serions tellement ravis de la beauté de ce spectacle que notre vue ne pourrait s'en détacher. Mais Dieu, qui s'environne lui-même des ombres du mystère, ne veut aussi se manifester dans ses saints que par des éclairs qui, sans produire une lumière complète, suffisent pour nous instruire et raffermir notre foi. Et il y a déjà tant dans cet homme du ciel; on voit en lui des choses, qui sortent tellement de l'ordre naturel qu'on ne sait de

quoi s'étonner le plus ou de cette vie extraordinaire, ou du don des miracles qui,
d'après l'opinion publique, la couronne.

## CHAPITRE XIV.

### Les Miracles.

Le curé d'Ars fait donc des miracles?

Pourquoi non? n'en est-il pas digne? qui
le serait plus que lui? *Les miracles*, dit un
grand écrivain, *ont servi à la fondation, et
serviront à la continuation de l'Église jusqu'à l'Antechrist, jusqu'à la fin.*

Nous voilà de plain-pied dans la question
des miracles aujourd'hui si palpitante, dans

notre siècle des merveilles. Parce que l'esprit humain a pris un essor prodigieux, parce qu'il semble avoir effacé des langues européennes le mot *impossible*, il prétend juger infailliblement de toutes choses ; et dans son orgueil il ajourne devant son tribunal la sagesse divine, et lui dit gravement : *Tu n'iras que jusque-là.* On ne devrait pas oublier pourtant qu'au-dessus de la science est la vertu ; au-dessus des secrets de la nature, les mystères du ciel ; au-dessus de la puissance de l'homme, la puissance de Dieu ; et que par la vertu le saint fait violence au ciel, comme par l'étude le savant arrache à la nature le secret de ses forces. *L'innocence, dit Bossuet, a un droit acquis sur tous les biens de son Créateur.* Dieu fait, quand il lui plaît, éclater sa puissance et sa bonté par l'entremise de ses fidèles serviteurs, et *il est toujours avec son Église.*

Écoutons à ce sujet le langage de deux

auteurs fameux : le premier, un vrai croyant, ce qui ne l'empêchait pas d'être un
des plus grands génies qui aient paru; et le
second, un des chefs du rationalisme, et
dont le témoignage ne sera point suspect :

« Il me paraît évidemment qu'il n'y a
» tant de faux miracles, de fausses révéla-
» tions, de sortiléges, etc., que parce qu'il
» y en a de vrais; ni de fausses religions,
» que parce qu'il y en a une véritable. Car
» s'il n'y avait jamais eu rien de tout cela,
» il est comme impossible que les hommes
» se le fussent imaginé, et encore plus
» que tant d'autres l'eussent cru. Mais
» comme il y a eu de très-grandes choses
» véritables, et qu'ainsi elles ont été crues
» par de grands hommes, cette impres-
» sion a été cause que presque tout le
» monde s'est rendu capable de croire
» aussi les fausses. Et ainsi au lieu de
» conclure qu'il n'y a point de vrais

» miracles puisqu'il y en a de faux, il faut
» dire au contraire *qu'il y a de vrais mi-*
» *racles*, puisqu'il y en a tant de faux, et
» qu'il n'y en a tant de faux que par cette
» raison *qu'il y en a de vrais.*

» Il y a si peu de personnes à qui Dieu
» se fasse paraître *par ces coups extraordi-*
» *naires qu'on doit bien profiter de ces oc-*
» *casions*, puisqu'il ne sort du secret de la
» nature qui le couvre, que pour exciter no-
» tre foi à le servir avec d'autant plus
» d'ardeur que nous le connaissons avec
» plus de certitude.

» Si Dieu se découvrait continuellement
» aux hommes, il n'y aurait point de mé-
» rite à le croire; et s'il ne se découvrait ja-
» mais, il y aurait peu de foi. »

*Pensées de Pascal.*

Jean-Jacques Rousseau dit avec non

moins de vérité, mais avec une brusquerie
voisine de l'intolérance :

« Dieu peut-il faire des miracles ? c'est-à-
» dire peut-il déroger aux lois qu'il a éta-
» blies. Cette question sérieusement traitée
» serait impie, si elle n'était absurde; ce
» serait faire trop d'honneur à celui qui la
» résoudrait négativement que de le punir,
» il faudrait l'enfermer.»

3° *Lettre de la Montagne.*

Mais arguer de la possibilité des miracles
ce n'est pas répondre à la question, c'est
l'éluder. — Ce n'est point l'éluder : elle est
résolue en principe, si elle ne l'est pas dans
le fait. Il est constaté par des témoignages
véridiques qu'il se passe à Ars des choses
extraordinaires.

Il ne nous appartient pas d'affirmer que
ce sont des miracles : l'Eglise seule en a le
droit et le pouvoir infaillible.

Si l'on ne veut que l'expression de notre propre sentiment , nous dirons en deux mots : ce serait pour nous un miracle qu'il ne fît pas de miracles, tant parce que sa vie fut toujours un prodige de sainteté et d'innocence, que parce que sa continuation depuis tant d'années et à cet âge, au milieu de si effrayantes austérités, nous semble déjà un miracle permanent.

Si vous le consultez lui-même sur ce sujet, il se gardera bien d'avouer qu'il a reçu du ciel une sorte de communication de sa puissance, et sans nier les faveurs extraordinaires par lesquelles Dieu se plaît à manifester sa vertu dans ce pays, il dira tantôt que c'est la Sainte Vierge, qui obtient tout ; tantôt, sainte Philomène (*). Quant à

(*) Le saint curé d'Ars a eu toute sa vie une tendre dévotion pour Marie ; et dans des moments difficiles, où il l'implorait avec larmes, la Sainte Vierge a daigné plus

lui, il se juge tellement étranger à ces évé-
nements miraculeux que, lorsqu'il vit le
concours qui commençait à se faire auprès
de lui et la vénération dont il était l'objet,
il fut pris d'une sorte de frayeur, et s'enfuit
dans sa famille. Rappelé par son évêque, qui ne voulut pas le céder au diocèse
de Lyon, il était déjà à la cure de Notre-
Dame-en-Beaumont, que Mgr Devie lui avait
offerte, s'il la préférait à Ars, lorsque ses

d'une fois lui manifester visiblement sa bonté et sa protection. Il paraît même, selon l'aveu qu'il en aurait fait à
un missionnaire, qui était venu chercher auprès de lui des
conseils et des encouragements, qu'à sa venue à Ars il
a été favorisé d'une apparition de la Reine des cieux.

Il a aussi une confiance particulière en sainte Philomène. Dans une maladie qui le conduisit aux portes du
tombeau, cette illustre martyre vint le rappeler subite-
ment et miraculeusement à la vie et à la santé.

La chapelle de cette sainte dans l'église d'Ars est d'une
grande magnificence. Elle est toute tapissée *d'ex-voto* et
d'images, qui rappellent des faveurs temporelles et des
grâces obtenues.

anciens paroissiens vinrent en foule le sup-
plier de ne pas les abandonner. Il fallut de
bien pressantes et bien vives instances pour
le décider à revenir ; et ce fut une nouvelle
fête pour ce pays. Le pèlerinage s'établit,
les faits se multiplièrent. Mais, à l'en croire,
il n'y est absolument pour rien. *Mes frères*,
dit-il un jour du haut de la chaire, *cette
semaine, il s'est opéré ici quatorze miracles
par l'entremise de sainte Philomène.*

Nous n'avons pas besoin de faire ressor-
tir la gravité de ces paroles ; elles frappe-
ront tout le monde. Peu importe le nombre
de miracles qu'elles accusent, ce n'est pas
du reste la seule fois qu'il a tenu un langage de ce genre. Mais voilà du moins des
faits bien constatés ; car si l'affirmation
d'autrui ne suffisait pas, qui oserait mettre
en doute le témoignage de cet apôtre de la
vérité ? Et les faits une fois reconnus et admis, qui pourrait y nier sa participation,

et ne lui attribuer que le rôle passif de simple spectateur, bien que, à l'exemple des saints, ce soit le seul que revendique son humilité? On ne saurait en conjecturer qu'une chose : c'est qu'il ignore la vertu que le ciel lui a départie, ou que, s'il la connaît, il s'abîme dans la pensée de son néant devant la puissance de Dieu.

Maintenant si vous interrogez l'opinion publique; elle est éclairée depuis assez de temps; elle est basée sur assez de faits. On ne vous dit pas croyez au miracle; mais il y a là des faits sensibles qui sont soumis à l'appréciation humaine, au jugement de chacun et au témoignage naturel; cherchez donc la vérité, instruisez-vous, examinez, pesez la valeur des témoignages.

Pour toute réponse, on nous dira peut-être qu'une telle doctrine n'est propre qu'à favoriser le règne de la superstition et l'asservissement des esprits. Certes notre temps n'a pas besoin de plus de servitude. Mais parce que le vrai chrétien sait *rendre à Dieu ce qui est à Dieu, et à César ce qui est à César,* croit-on qu'il n'ait pas le sentiment de ses droits aussi bien que celui de ses devoirs, qu'il fasse abnégation de sa dignité, et qu'il ne sache pas rendre aussi à l'humanité ce qui est à l'humanité ? Il n'y a pas d'âme plus libre que la sienne, pas de cœur plus noble que son cœur. Si vous ne connaissez pas encore ce juste des temps modernes, le voici tout entier dans ce vers incomparable, qui efface le tableau du juste païen :

Je crains Dieu, cher Abner, et n'ai point d'autre crainte.

Accuser le chrétien d'ignorance et de servilité, c'est condamner sa profession de foi, méconnaître les enseignements de l'histoire, ou bien mal apprécier les bienfaits d'une doctrine qui a relevé l'homme déchu, détruit l'esclavage et changé la face du monde.

Le bien ne date pas d'hier; il y a eu de grandes choses avant nos admirables découvertes; et ce n'est pas la vapeur qui a fait marcher le monde jusqu'ici ; mais bien le christianisme, qui forme les bons citoyens et les états florissants, les âmes héroïques et les cœurs généreux, les bienfaiteurs de l'humanité et les saints, les prodiges de vertus morales, et ces anges revêtus de la perfection céleste et d'une puissance surnaturelle.

En établissant les lois de la nature, Dieu n'a pas abdiqué son pouvoir sur la création; il s'est réservé de déroger à l'ordre établi toutes les fois qu'il jugerait à propos de le faire pour notre bien ou notre instruction; et il a prévu dans son intuition éternelle les cas où il devait se manifester directement à nous par ces coups surprenants. Il ne nous appartient pas de tracer des limites à son intelligence et à sa sagesse. Notre devoir est de rendre hommage à toutes ses œuvres.

Avant donc de juger, songeons à nous instruire, car nous serions inexcusables.

Pour ne pas dépasser les bornes que nous avons dû nous prescrire en traçant le tableau des vertus du saint curé d'Ars, nous ne citerons qu'un nombre restreint de ces faits remarquables que l'opinion publique désigne déjà sous le nom de miracles. Nous espérons donner un jour à ce sujet les détails d'une recherche minutieuse et plus étendue.

Un jeune paralytique de dix-sept à dix-huit ans qui ne pouvait plus marcher fut apporté à Ars. Le saint curé lui dit de faire une neuvaine à sainte Philomène, lui promettant de s'unir à lui d'intention. Dès ce moment la guérison s'annonce par un mieux progressif, et, au bout de dix mois, le pauvre estropié, tout rétabli, et dispos de tous ses membres, revient au pied de l'autel de sainte Philomène, verser des torrents de larmes, en témoignage de sa reconnaissance.

Une mère de famille, dans un état de grossesse avancée, souffrait d'atroces douleurs et était tombée dans une maigreur voisine du marasme. Elle se rendit auprès du saint qui lui ordonna d'assister à la messe qu'il allait dire et lui recommanda de se tenir calme, autant qu'elle pourrait, pendant le saint sacrifice. Jusqu'à la communion ses souffrances redoublèrent, mais sa foi en triompha; et à partir de ce moment elle se sentit moins agitée et peu à peu la douleur disparut. Quelque temps après elle vint aussi rendre à Dieu des actions de grâces pour son complet rétablissement.

Une jeune personne du département de la Loire était en proie à des tortures affreuses, et sujette à des crises effrayantes; dans l'excès de ses souffrances elle s'emparait de tout ce qui tombait sous sa main et le broyait avec les dents. Elle n'avait de repos ni le jour, ni la nuit. Son état paraissait incurable, et la médecine était impuissante à y porter remède. On alla chercher le curé d'Ars. Lorsqu'il entra dans la chambre de la malade, elle poussait des cris déchirants. *Il ne faut pas crier ainsi*, lui dit le prêtre vénérable. — *O mon père, que je souffre !* répondit-elle. Cependant elle se calma un peu. L'homme de Dieu fit des prières, et, quand il se retira, il oublia son surplis près du lit de cette pauvre enfant. Aussitôt qu'elle s'en aperçut, elle le saisit et l'enroula autour de sa tête, siége de ses plus vives douleurs. Bientôt elles diminuèrent et firent place à un doux et bienfaisant sommeil ; elle dormit longtemps, la tête ainsi enveloppée. Quand elle se réveilla, ô bonheur ! elle était tranquille et complétement guérie ; elle put se lever, aller à la messe et se livrer ensuite au travail, comme ceux qui jouissent d'une bonne santé.

Un pieux instituteur des environs se rend à Ars, dans le dessein d'y faire une retraite de quelques jours. A peine a-t-il abordé le saint prêtre qu'il reçoit l'avis de repartir promptement, parce que son intérêt l'exige. A son retour, il trouve l'inspecteur primaire en tournée dans sa commune.

Une autre personne, venue de loin dans la même intention et avertie de même, reconnaît, à son arrivée, que son absence dans ce moment allait compromettre de graves intérêts.

On n'en finirait pas si l'on voulait raconter en détail tous les faits qui déjà ont été livrés à la publicité, ou font l'objet des entretiens. Il n'y a presque pas de ville ou de bourg de nos provinces qui n'ait à citer un ou plusieurs traits remarquables. Mais ce serait dépasser le but de ce récit, où notre dessein était surtout de célébrer les vertus du prêtre vénérable, et de les proposer en exemple à un siècle qui en est si dépourvu.

# CHAPITRE XV.

—

## Pèlerinage et Concours à Ars.

Un saint, la vie d'un saint, voilà ce que l'on vient de contempler, ce qui a fait d'Ars un lieu de pélerinage, où l'on voit accourir, chaque année, une foule immense de tout âge, de tout sexe et de toute condition. Le village n'est plus assez grand pour contenir le nombre de visiteurs qui arrivent de toutes parts. Il en vient non seulement de tous les points de la France, mais encore de toutes les contrées de l'Europe. Ce qu'on a raconté et publié chez nous sur sa piété et ses miracles n'est rien en comparaison de ce que l'on proclame à l'étranger. Il faudrait parcourir ces pays lointains, l'Angleterre, l'Italie, l'Allemagne, pour savoir le bruit que son nom fait parmi les peuples chrétiens, et entendre le langage de leurs journaux, qui l'appellent la gloire du clergé et le thaumaturge du 19<sup>e</sup> siècle. Attirés par cette renommée sainte, d'illustres personnages, des princes, des prélats, parmi eux le savant évêque de Birmingham, les plus éloquents défenseurs de l'Eglise sont venus voir le nouveau Jean-Baptiste. Ils l'ont vu et ont été édifiés de sa vie, et ne tarissent pas en éloges sur ses vertus. Ils ont cru entendre la *voix d'un ange dans un corps mortel* et ils ont reconnu que *le doigt de Dieu est là.*

C'est ainsi que s'expriment des hommes éclairés, d'éminents évêques, des feuilles publiques à la face du monde. Qui oserait, sans avoir acquis une invincible certitude, jeter ainsi le gant au rationalisme orgueilleux, si prompt à nier ce qu'il ne peut expliquer ou comprendre? Sur ce point les étran-

5.

gers sont plus sages et plus prudents, que
nous : quand une chose touche de si près à
leurs intérêts et à leur avenir, ils franchis-
sent cent, deux cents lieues pour s'informer
par eux-mêmes et se convaincre de la vérité.

Chose étrange ! le saint est à nos portes,
nous n'avons qu'un pas à faire pour nous
assurer de ce qui existe, pour interroger les
témoins de ses miracles, les personnes mêmes qu'il a guéries, et l'on s'endort dans
une léthargie coupable, on se perd dans
une lâche indifférence ! On ne nie plus, ce
serait chose difficile en face de l'opinion publique, appuyée de tant de preuves; mais on
voudrait avoir vu ; on le voudrait; et l'on
reste volontairement dans le doute! que dis-
je? on se fait une espèce de gloire de cette apa-
thie insensée. O contradition humaine ! na-
guère, dans un procès fameux, on était tout
fier de s'étayer de son autorité; on allait
chercher contre un miracle le témoignage de
l'homme des miracles. Si pourtant vous avez

trop de préventions contre l'un, allez vous
éclairer sur les autres dont vous sembliez
implicitement, et bien à tort, vous prévaloir contre celui de la Salette; car le saint
curé croit à l'apparition de la Sainte Vierge
sur cette montagne; et depuis que sa conviction est formée, il n'a point cessé d'y croire.
Mais l'un ou l'autre, vous avez le choix;
Paul ou Barnabas, qu'importe! pourvu que
vous assuriez votre salut. Si vous faites ce
voyage dans le désir sincère de chercher la
vérité, Dieu la fera luire sur vous. Quel
que soit votre rang ou votre talent, vous
trouverez votre place dans ce concours extraordinaire, où toutes les classes de la société ont des représentants. On dit même
qu'un monarque puissant serait venu lui
demander des conseils et des prières.

Vous qui doutez encore, allez donc aussi
voir cet oracle du ciel, l'humble et sage
pasteur, le prêtre charitable! Allez enten-

5..

dre cet homme qu'on se dispute ; celui dont
les accents ont le don de convertir ; celui
dont la vue pénètre dans les âmes ; le saint
dont le front est déjà comme environné
d'une auréole, et dont l'abord semble respirer un parfum céleste de vertus. Là vous
entendrez parler toutes les langues; mais
loin de produire la confusion, ces mots, ces
sons divers expriment tous les mêmes pensées, les mêmes sentiments. On se com-
prend, on se devine, on se retrouve, pour
ainsi dire, sans s'être jamais vu. Il semble
qu'on se soit donné ce rendez-vous.

L'affluence est tellement considérable
que, pendant la seule année de 1855, on
a compté plus de soixante mille pèlerins, et
leur nombre ne cesse de s'accroître. Il y a
dans le saint curé d'Ars une sorte de vertu
céleste qui attire les masses et comme un
rayonnement de la lumière divine qui les
éclaire.

Mais la chose la plus étonnante, le plus grand prodige, c'est sa vie, sa vie si exemplaire et si innocente dès la plus tendre enfance, si laborieuse dans la jeunesse, si mortifiée à l'âge des passions, si recueillie et si solitaire au milieu du monde, enfin si humble, si dévouée, si austère et si charitable dans le saint ministère, cette vie qui se maintient et se prolonge depuis tant d'années contre tout l'ordre établi. Autour du saint prêtre tout change, tout passe; des flots de peuples, comme des eaux courantes, se pressent et se succèdent; la scène varie constamment. Lui seul est toujours le même, toujours avec le ciel. Il ne semble ni entendre, ni comprendre le bruit qu'il cause dans le monde. Que dis-je? l'agitation et le tumulte viennent expirer aux confins de la terre qu'il habite; les orages des passions cessent de gronder, quand on aborde le pays d'Ars, comme dans un désert sanctifié par les vertus d'un anachorète. On y respire l'atmosphère calme et pure du recueillement et de la prière; on y ressent une émanation de sa sainteté.

## CHAPITRE XVI.

—

## Considérations générales.

Il faut qu'elle soit bien puissante cette vertu qui entraîne ainsi les masses. Quel est donc le charme qui les attire? Ici tout est grave, sévère ou rigide; et si, d'un autre côté, tout est grand et merveilleux, on peut s'étonner que l'un ne paralyse pas l'autre et que l'on coure à des enseignements si contraires aux penchants de la nature. Il faut donc qu'un intérêt plus puissant ait parlé aux cœurs, et qu'ils y aient trouvé un aliment plus substantiel que dans les plaisirs passagers de la terre. C'est qu'il n'y a rien ici de mortel et de périssable; on y vient chercher le salut, *la seule chose né- cessaire;* mais le ciel *y ajoute le reste;* car les vertus fécondes, qui mènent au salut, sont encore le plus sûr garant du bien-être et de la prospérité dans ce monde.

Et, en effet, c'est auprès de ce prêtre véné- rable que se trouve cette perfection tant cherchée de nos jours, et destinée à pro- curer aux hommes la plus grande somme de bien possible. Voilà un illustre exemple à proposer à ces esprits généreux, qui pour- suivent dans d'ingénieuses mais chiméri- ques conceptions le bonheur de l'humanité. On ne peut qu'applaudir aux nobles efforts dont le but est le soulagement des pauvres, des malheureux et des opprimés, la défense du faible, et un établissement plus complet du règne de la justice. Mais toute tentative d'organisation ou de réforme, faite en dehors de la religion, restera frappée de stérilité. Sans elle on ne fondera rien de durable. La grandeur et le bien-être des sociétés reposent sur la vertu, l'esprit de sacrifice et l'immolation individuelle au bien général, en un mot sur les enseignements du christianisme. Si les hommes distingués, qui ont la généreuse ambition de mettre les peuples dans une voie meilleure, acquéraient l'influence morale que l'abnégation de lui-même a valu au curé d'Ars, réunissant les deux vrais mobiles de la persuasion, l'éloquence et la vertu, ils auraient bientôt renouvelé la face de la terre. Sans mettre en péril toutes les conquêtes de la civilisation, l'indigent serait soulagé, le faible soutenu, l'opprimé rendu à la liberté. La justice étendrait sur tous sa protection, et l'égoïsme ferait place à l'esprit de charité. *Deux lois*, a dit un célèbre penseur, *suffisent pour régler toute la république chrétienne, mieux que toutes les lois politiques*, *l'amour de Dieu et l'amour du prochain*. Le règne de ce double amour dans l'humanité y aurait opéré bientôt la transformation la plus solide et la plus belle.

Mais l'homme a remplacé dans son cœur ce divin sentiment par l'amour égoïste de lui-même, De là sont nées ces passions qui désolent parfois le genre humain et qui sont les vrais fléaux de notre époque, l'orgueil, la concupiscence et la soif de l'or.

En flattant ces instincts dépravés au lieu de les combattre, les théories, qui prétendaient avoir le secret d'une résurrection sociale, ont péché par la base essentielle. Il ne suffit pas d'avoir reconnu la grandeur de l'homme et de proclamer la puissance de ses facultés ; il faut tenir compte aussi du désordre de ses penchants qui constituent sa vraie faiblesse, de l'emportement de ses passions qui seront toujours d'invincibles

entraves à son bonheur. Et comme nulle
puissance terrestre ne peut changer à fond
cette nature pervertie ; imparfait et environné d'imperfections dans ce monde périssable, l'homme restera sujet au malheur,
à la souffrance, à la misère, sans pouvoir
même fixer auprès de lui les biens fugitifs
qu'il possède.

Toutefois nous ne sommes point ici-bas
pour passer notre vie dans l'oppression.
Dieu, qui a donné à l'homme la liberté
comme le plus bel attribut de son être, ne
veut pas qu'il soit le jouet de la force, et que
les peuples gémissent sous la pesanteur du
joug.

Si les malheurs particuliers émeuvent à
bon droit notre cœur, les infortunes, les
souffrances, les gémissements, le martyre
d'un peuple entier doivent remplir toutes
les âmes d'une immense commisération.
Honneur à tous ceux qui sentent leurs en-

trailles déchirées par le cri de la douleur !
honneur aux gouvernements qui s'efforcent
de faire prévaloir et triompher partout la
cause de la civilisation, du droit et de la justice, l'indépendance et le bien-être des peuples. Ils ne sauraient faire un plus noble
usage de leur puissance : *à quoi doit servir la
force*, dit Bossuet, *qu'à défendre la raison ?*

Mais si nos découvertes sublimes, au lieu
d'être l'instrument le plus rapide pour la
propagation des idées chrétiennes, ne sont
destinées qu'à être des armes formidables
entre les libérateurs et les oppresseurs, c'est
en vain qu'elles semblaient annoncer au
genre humain un avenir meilleur. Elles ne
seraient que le moyen de courir plus rapidement à notre perte.

Quand donc seront éteintes ces passions
désastreuses qui égarent les esprits, les peuples, les rois et les particuliers ? — Lorsqu'ils sauront mieux comprendre les prin-

cipes du christianisme et les devoirs qu'il
impose.

Qui croirait que la vie la plus étrangère
à nos agitations politiques soit pourtant
celle qui, de nos jours, représente le mieux
la solution du problème de l'amélioration
sociale, comme étant l'expression la plus
élevée et la plus complète du sentiment
chrétien? Il y a plus dans cet exemple que
dans les livres des penseurs et des savants.
Il en fut ainsi dès le début : n'oublions pas
que douze pauvres pêcheurs, armés de la
croix, ont plus fait pour la civilisation et
le bonheur de l'humanité que tout le génie
des Grecs et la puissance des Romains. Le
curé d'Ars est parmi nous un apôtre dont
la vie est le résumé complet des enseignements de l'Evangile. Le monde a besoin de
voir ces modèles éclatants de la perfection
chrétienne ; s'ils n'apparaissait de temps en
temps de ces saints personnages, on relè-

guerait bientôt les doctrines de Jésus-Christ parmi les systèmes et la vertu parmi les mots; et c'en serait fait de tous les principes qui constituent la société et assurent le progrès.

FIN.

5...

# Table des Matières.

VALENCE, IMPR. ET LITH. DE CH. CHALLAT.

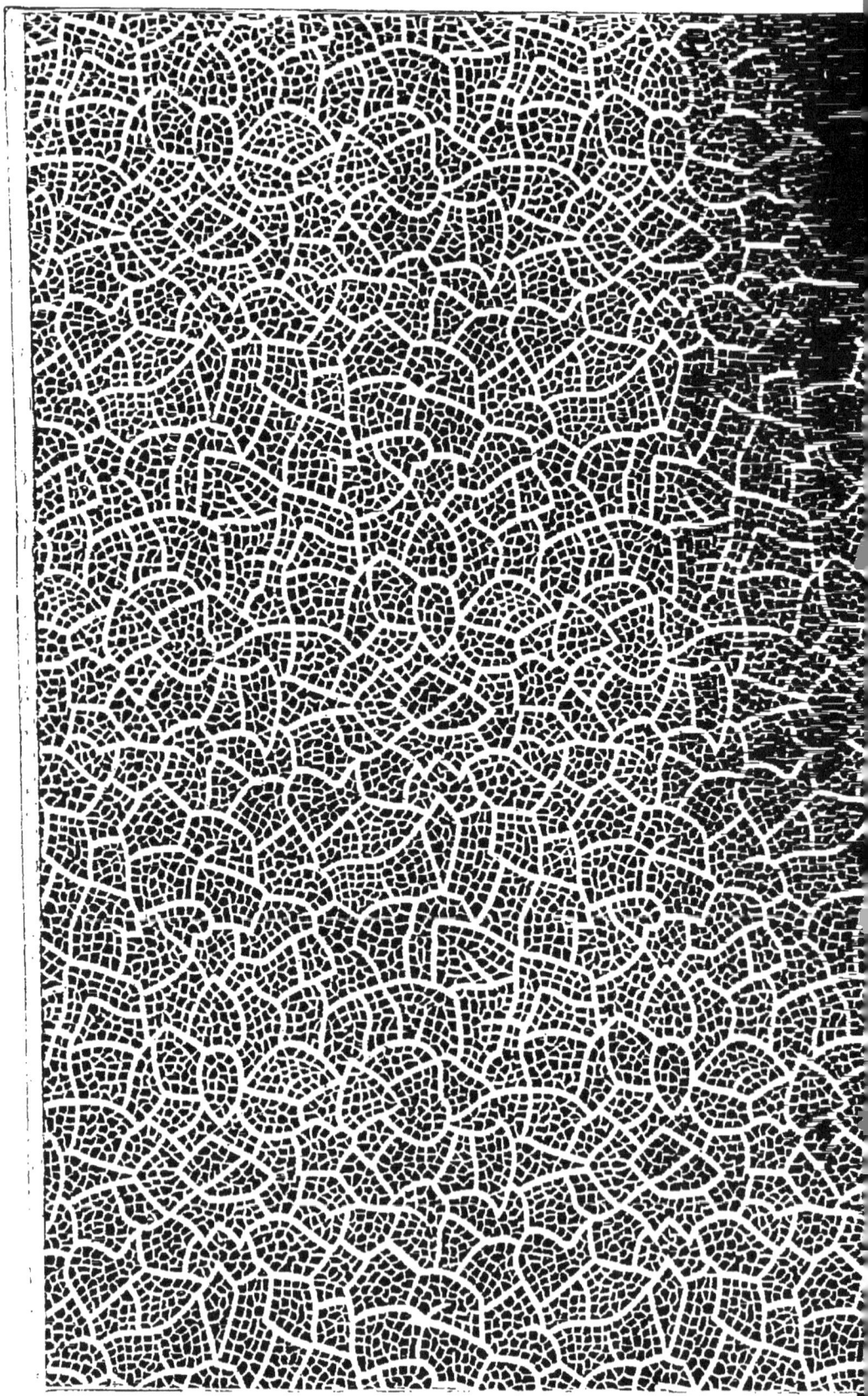

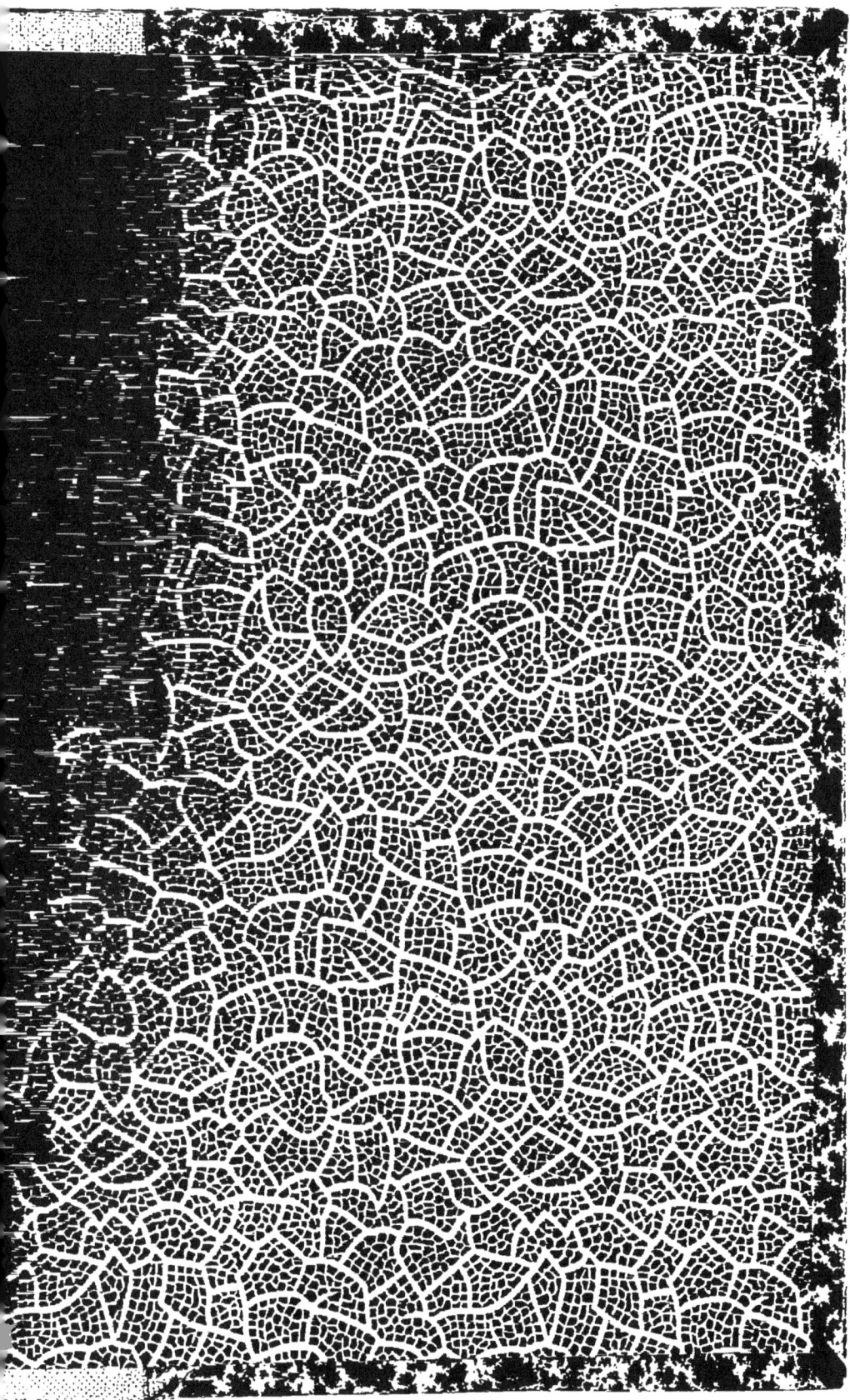